项目工会工作指引

中交集团工会联合会◎编

中国经济出版社
CHINA ECONOMIC PUBLISHING HOUSE

图书在版编目（CIP）数据

项目工会工作指引 / 中交集团工会联合会编 . 北京：中国经济出版社，2024. 11. -- ISBN 978-7-5136-7953-4

Ⅰ. D412. 6

中国国家版本馆 CIP 数据核字第 20247CJ128 号

选题策划　陈利军　刘金龙
责任编辑　高　旭　李　强
责任印制　马小宾
封面设计　新成博创 XIN CHENG BO CHUANG

出版发行　中国经济出版社
印 刷 者　北京富泰印刷有限责任公司
经 销 者　各地新华书店
开　　本　710mm × 1000mm　1/16
印　　张　10. 75
字　　数　120 千字
版　　次　2024 年 11 月第 1 版
印　　次　2024 年 11 月第 1 次
定　　价　65. 00 元
广告经营许可证　京西工商广字第 8179 号

中国经济出版社　**网址** http://epc. sinopec. com/epc/　**社址** 北京市东城区安定门外大街 58 号　**邮编** 100011
本版图书如存在印装质量问题，请与本社销售中心联系调换（联系电话：010-57512564）

序

习近平总书记指出，工人阶级是我国的领导阶级，是先进生产力和生产关系的代表，是坚持和发展中国特色社会主义的主力军。党对工会寄予厚望，职工群众对工会充满期待，工会要忠诚于党的事业，通过扎实有效的工作把坚持党的领导和我国社会主义制度落实到广大职工群众中去。中央党的群团工作会议强调，新形势下，党的群团工作只能加强，不能削弱；只能改进提高，不能停滞不前。

中交集团作为全球基础设施建设的领军者、“一带一路”建设的排头兵和国家重大战略的坚定执行者，始终坚持以政治建设为统领，锚定高质量“两保一争”目标，聚力强根固魂，以基层项目为依托，持续打造新时代国企党建示范窗口。项目工会是建筑央企工会工作最前沿、联系职工群众最密切、检验工作成效最直接的“窗口”，是事关企业高质量发展的群众基础。加强和改进新时代建筑央企项目工会工作，是落实党的“依靠”方针，巩固党的群众基础，保持和增强工会组织政治性、先进性和群众性的重要体现；是加强产业工人队伍建设改革、强化项目高质量管理、推动企业改革发展的迫切需要；是促进工会自身建设、增强基层工会活力、推动和谐企业建设的内在要求。

中交集团工会联合会深入贯彻习近平总书记对工会工作“牢固树立大抓基层的鲜明导向，夯实基层基础，激发基层活力”的指示，高效落实国资委党委、集团党委关于高质量项目管理工作要求，坚持眼睛向下、面向基层，着力增强项目工会组织的引领力、组织力、服务力，编制出台了《项目工会工作指引》（以下简称《指引》），旨在提高基层一线项目工会工作的制度化、规范化和标准化水平，为项目工会提供工作参考和业务指南，使项目工会工作在围绕中心、服务大局，提升项目全生命周期管理质效中发挥更大作用，作出更大贡献。

《指引》的编辑得到所属各单位工会大力支持，很多具有丰富经验的工会干部参与编写工作，将项目工会工作优秀的实践经验凝结于《指引》中，并就产业工人队伍一体化管理等提出探索性的借鉴思路。在此向所有参编人员致以衷心感谢！也诚挚希望《指引》的出台，能够促进广大职工积极参与高质量执行力建设，更广泛汇聚一线职工群众、产业工人队伍力量，打造更多优质工程、绿色工程、廉洁工程；能够实实在在促进一线项目工会工作的高质量开展，为推动企业加快建设具有全球竞争力的“科技型、管理型、质量型”世界一流企业提供坚实有力的支撑。

谨向工作在项目一线的广大工会干部和全体职工群众，致以亲切的问候和敬意！

中交集团党委书记　董事长

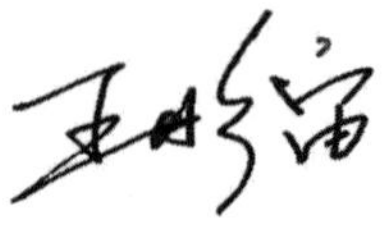

2024 年 9 月于北京

目　录

第二部分
项目工会工作指引（特殊业态版）

第一部分

项目工会工作指引（通用版）

第一章　总则及项目工会组织建设

一、适用范围

本指引适用于中交集团所属各单位项目及三级公司下属常建制单位工会，包括中交集团和各单位直管项目工会。

二、编制依据

为推动高质量项目管理，根据《中华人民共和国工会法》《中国工会章程》《企业工会工作条例》《企业民主管理规定》《工会基层组织选举工作条例》及中交集团工会联合会关于加强工会组织建设的有关规定，结合工会工作实际，制定本指引。

三、项目工会定位

项目工会是中交集团工会联合最基层、最前沿的组织，是工会的重要组织基础和工作基础，是一线职工合法权益的代表者和维护者。项目工会在本级党组织和上级工会的领导下，发挥党的联系职工群众的桥梁纽带作用，维护职工合法权益、竭诚服务职工群众；紧紧围绕项目生产经营中心，发挥维护、建设、参与、教育四项职能，充分调动职工群众参加项目建设的主动性、积极性和创造性，共同为企业高质量发展贡献智慧和力量。

四、项目工会核心工作要求

（一）组织召开职工大会，民主选举项目工会委员会委员和工会主席。制定、实施项目工会工作规划和年度工作计划，完善落实项目工会工作管理制度，执行会员大会决议和上级工会决定。

（二）围绕生产经营开展劳动技能竞赛、合理化建议与技术革新活动及科技创新巾帼行动，激励职工创新、创造，弘扬劳模精神、劳动精神、工匠精神，选树先进，培育工匠、技能人才，争创工人先锋号等先进集体。

（三）推进落实企务公开制度，通过职工大会、厂务公开栏和其他形式，团结职工参与项目民主管理、民主监督。

（四）加强职工政治引领和思想教育，组织职工进行文化、业务、技术学习，开展技能比武和健康文化体育活动，提升职工素质。

（五）协助督促做好劳动报酬、劳动安全卫生和保险福利等方面工作，监督相关法规政策执行，协同巡查施工现场安全生产、劳动保护状况，依法制止强令工人冒险作业和严重危害职工安全健康行为，参与劳动安全事故调查处理，可要求追究有关人员的相关责任。

（六）维护职工合法权益和女职工权益。协调项目劳动关系，参与职工劳动争议调处，对于项目侵犯职工劳动权益事项，工会认为不适当的，有权提出意见和建议；如问题得不到解决，项目工会可依法向上级工会或有关部门反映。

（七）建设项目职工小家，加强职工关心关爱工作，推动落实职工福利慰问，协助做好纾困解难工作，重视对职工的人文关怀和心理疏导。

五、项目工会组建

有会员 25 人及以上的，应当成立项目工会；不足 25 人的，可以单独建立项目工会，也可以由两个以上单位的会员联合建立工会。可以选举组织员或工会主席 1 人，主持项目工会工作。

25～200 人的项目，工会委员会设委员 3～7 人；201～1000 人的项目，设委员 7～15 人。可设劳动竞赛委员、宣传文体委员、安保委员、女工委员等，各委员可以兼任。

（一）项目工会组建流程

1. 项目党组织负责筹备项目工会组建事项。应在项目党组织成立 3 个月内，向上级工会申请成立项目工会委员会，报送《新建项目建立工会备案表》。

2. 在上级工会批准后，项目党组织酝酿项目工会委员会委员候选人，行文请示上级工会。

3. 召开项目会员大会，选举项目工会委员会委员。

4. 工会选举结果和分工报同级党组织与上级工会审批。

5. 在同级党组织、上级工会批复后，工会委员会刻制公章。

（二）项目工会选举注意事项

1. 按照《工会基层组织选举工作条例》组织选举。参加选

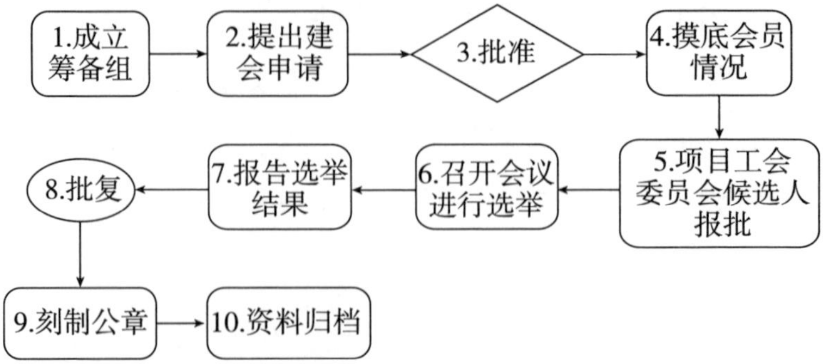

举人数为应到会人数的 2/3 以上时，方可进行选举；被选举人获得应到会人数的过半数赞成票时，始得当选。

2. 工会委员会实行差额选举，差额率不低于 5%。工会委员、工会主席候选人建议名单应向同级党组织和上一级工会请示，并在项目范围内公示，公示期不少于 5 个工作日。

3. 项目行政主要负责人及他们的近亲属不得作为本单位工会委员会委员、主席、副主席候选人。

4. 选举采用无记名投票方式。不能出席会议的选举人，不得委托他人代为投票。候选人名单按姓氏笔画为序排列。选举人可以投赞成票或不赞成票，也可以投弃权票；投不赞成票者可以另选他人。

5. 选举监票人从非候选人会员中推选，经会员大会表决通过，负责监督选举过程。如选举人在选举期间，不能离开生产、工作岗位，可以设立流动票箱，选举人在监票人的监督下投票。

6. 投票结束后当场清点选票，当收回选票等于或少于发出选票时，选举有效；当多于发出选票时，选举无效，应重新选举。

计票：每张选票所选人数等于或少于规定应选人数的为有效票，多于规定应选人数的为无效票。

7. 项目工会委员会选举结果报同级党组织和上级工会批准。违反规定程序选举的，上级工会不予批复，应重新选举。

六、项目工会主席

（一）新建项目工会主席

工会主席可由项目党组织负责人兼任；根据实际情况，也可由项目部其他人员担任专、兼职工会主席。项目部专、兼职工会主席待遇与项目部领导班子副职待遇同等，项目党组织负责人兼任工会主席按其待遇执行。

新任项目工会主席、副主席，在任职一年内应按规定参加岗位任职资格培训。无正当理由未按规定参加岗位任职资格培训的，不再提名下届工会主席、副主席候选人。

（二）工会主席任期内组织调整补选

项目工会委员会任期一般为 3 年或 5 年。建设期少于 3 年的项目可不设任期，项目结束时工会组织向上级工会报备后撤销。

项目工会主席、副主席任期未满，因工作调动或其他原因空缺时，及时按照相应的民主程序进行补选。补选主席可以由工会委员会选举产生，也可以由会员大会选举产生；如候选人不是工会委员，先补选其为工会委员，再选举为工会主席。

七、项目工会女职工组织建设

（一）项目工会有女会员 10 人及以上的，建立女职工委员会，不足 10 人的，设女职工委员。女职工委员会与基层工会委员会同时建立。

（二）项目工会女职工委员会委员由同级工会委员会提名，在充分协商的基础上经会员大会通过产生，或者由女职工大会选举产生。女职工委员会主任应提名为项目工会委员候选人；女职工委员会主任名单与工会委员会选举结果同时报上一级工会批准。

八、项目工会会员管理

项目职工加入工会，由本人自愿申请，经项目工会报所在公司备案后入会。新招聘应届毕业生在签订劳动合同后可自愿申请入会。会员组织关系随劳动（工作）关系流动，公司内会员调动的，各单位工会可以直接办理会员关系转接；会员调出本单位的，需要本单位工会开具会员关系介绍信到调入单位。

附件 1

项目建立工会备案表

项目名称		
项目成立时间		
现有职工数量（人）	正式职工	
	聘用员工	
工会会员数量（人）		
女职工数量（人）		
拟建立工会时间		
工会筹备组组长		
工会筹备组成员		
工会委员拟设置名额		
备注		

附件2

中 华 全 国 总 工 会

入 会 申 请 书

我自愿加入中华全国总工会，遵守工会章程，执行工会决议，积极参加工会活动，为把我国建设成为富强、民主、文明的社会主义国家而努力奋斗。

申请人：

年　　月　　日

附件3

工会会员登记表

<table>
<tr><td>姓名</td><td></td><td>性别</td><td></td><td>出生
日期</td><td></td><td>户口
所在地</td><td></td></tr>
<tr><td>民族</td><td></td><td>工资</td><td></td><td>政治
面貌</td><td></td><td>学历</td><td></td></tr>
<tr><td colspan="2">工作单位及职务</td><td colspan="4"></td><td>籍贯</td><td></td></tr>
<tr><td>家庭主要
成员及其
工作单位</td><td colspan="7"></td></tr>
<tr><td>个人工作
简历</td><td colspan="7"></td></tr>
<tr><td>工会组织
审批意见</td><td colspan="7">（公章）
年　月　日</td></tr>
<tr><td>备注</td><td colspan="7"></td></tr>
</table>

中华全国总工会制

附件 4

工会组织关系存根

编号________

兹有______ 同志，因工作需要，调至__________工作。工会关系已转调往单位。

会员档案：

会费交至 ____年____月。

年　月　日

……………………第………………零壹……………号……

××单位工会会员
组织关系介绍信

________工会委员会：　　　　　　　　　　编号：

兹有本会会员______ 同志，调至你单位工作，现将会员关系转往你会。请编入工会组织。

此致

敬礼

会员档案：

会费已交至_______年______月。

年　月　日

附件 5

关于××项目召开工会委员会选举大会的请示（示例）

××工会（上级工会）：

××项目现有职工××人，女职工××人，根据《中华人民共和国工会法》《中国工会章程》有关规定，符合成立工会组织条件。为维护广大职工合法权益，充分调动职工建设高质量项目积极性，经××项目党支部研究、××项目工会委员会筹备组筹备，拟于近期召开工会会员大会选举项目工会委员会。相关事项请示如下：

××项目工会委员会拟设×名委员，差额选举产生。提名×名，委员候选人名单：××××××××××××××，建议××同志为工会主席候选人。经与项目党政协商，提名××同志为项目女职工委员会主任人选（设立女职工委员会须提名，不设立则不提名）。

妥否，请批示。

××项目党支部（代章）

年　月　日

附件 6

关于××项目（全称）第×届工会委员会选举结果的请示（示例）

××工会（上级工会）：

经××项目党支部、××工会（项目上级工会）同意，××项目于××年××月××日召开了工会会员大会。

会议应到会会员××人，实到会会员××人，以无记名投票的方式差额选举项目第×届（不设届期的不写）工会委员会，按得票数量产生了由××名委员组成的××项目第×届（不设届期的不写）工会委员会，名单如下（按姓氏笔画为序）：

××× ×× ×××（女） ××× ……

（女性委员备注）

会后，项目召开了第×届（不设届期的不写）工会委员会第一次工会委员会议，选举×××为××项目工会主席，××为工会副主席（没有不写），同时对工会委员进行分工，×××同志为女职工委员会主任（不设女职工委员会项目的不写）。

本届工会委员会任期×年（项目建设期三年以下不涉及，项目工会与项目建设周期一致）。

妥否，请批示。

（也可由会员大会直接选举产生工会主席）

××项目党支部（代章）

年 月 日

第二章　项目民主管理

一、职工依法行使民主管理、民主监督的权利

项目职工依法通过职工大会或者其他形式参与项目民主管理和民主监督，享有知情权、参与权、表达权和监督权。

直接或间接行使以下权利：听取项目生产经营、安全生产、项目重大技术改造推进情况的报告；在制定修改有关劳动报酬、劳动安全卫生、休息休假、保险福利等直接涉及职工切身利益的规章制度时，提出意见和建议；审议涉及项目职工切身利益的重大事项，如项目职工奖惩办法、劳模推选，以及项目职工裁减、分流和安置方案等，表决通过后实施；民主评议监督项目领导班子人员履职情况和廉洁自律情况；依法选举上级单位职代会代表或项目党政与工会协商确定应由项目职工大会选举的其他人员；法律法规赋予的其他权利。

二、职工参与民主管理的形式、途径及渠道

（一）项目职工大会

职工大会是职工行使民主管理权利的机构，是项目民主管理

的基本形式。项目工会委员会是项目职工大会的日常工作机构。

1. 项目职工大会要求

（1）项目职工大会接受项目党（总）支部领导，按法定的范围和程序行使职权。

（2）项目组建后，应建立健全职工大会等民主管理制度。

（3）项目应通过职工大会推进、保障职工依法参加项目民主管理、民主监督。项目职工应支持项目依法行使管理职权，积极参与促进项目生产经营和管理工作，提升项目创效水平。

（4）项目一般每季度（月）召开一次职工大会，每年至少召开1～2次职工大会。

2. 项目职工大会职责

（1）听取项目部生产计划及其采取的重大措施报告。

（2）审议项目部内部经济责任制方案、奖金分配方案、劳动关系管理实施办法等。

（3）积极宣传贯彻企业职工代表大会的精神，认真落实职工代表大会的决议。

（4）组织实施厂务公开和班组的民主管理活动。

3. 项目职工大会组织

（1）职工大会由项目工会主席召集和主持。

（2）职工大会一般需有2/3以上职工参加。遇有重大事项，经项目党支部、班子负责人与工会协商或1/3以上职工的提议，可召开临时会议。会议选举或表决事项必须有超过2/3职工出席方可进行。

（3）持续畅通员工诉求通道，年度职工大会会前要征求职工对项目管理的意见建议，员工提出的意见建议均应逐一登记在册做好记录，对能解决的及时解决，对不能解决的及时作出解释说明并上报上级工会。

（二）项目厂务公开

各级所属项目（经营核算单元、船舶等）实行厂务公开的基本形式和主要载体是职工大会，同时包括领导班子会、周例会、工前会、班组会、协调会、安全会、碰头会等相关形式。根据实际情况，厂务公开的内容分为全面公开、一定范围公开等情况，应当向职工公开的内容有：项目生产经营质效情况；项目专业分包、劳务分包等相关情况；大宗物资招标采购相关情况；设备采购、租赁、管用养修等相关情况；职工评先评优、提薪晋级、转正定级、绩效分配等相关情况；临时用工招录、薪酬待遇等相关情况；业务招待费、福利费总体使用情况；职工食堂收入支出情况；劳动保护措施、标准，特殊工种补贴情况；职工普遍认为应当公开地与项目高质量管理有关的其他方面的重要内容。按照一定程序或以厂务公开栏公告的形式向职工公开，听取职工意见，接受职工监督。

（三）其他形式

项目也可根据实际情况，开展民主恳谈、民主协商、项目经理接待日等，方便职工参加项目民主管理和民主监督，检查督促职工代表大会或职工大会决议的执行。

第三章　劳动竞赛群众性经济创新工作

一、劳动竞赛工作

开展劳动竞赛是工会服务发展大局、服务职工群众的重要载体和抓手。劳动竞赛应明确目的、组织架构和职责、主题、目标、时间安排、考核评比及奖惩办法等内容。

（一）机构组成

项目劳动竞赛组织管理要建立劳动竞赛委员会（或领导小组），具体负责劳动竞赛的部署、指导、检查、评比和表彰等工作，推进形成党委领导、行政支持、工会牵头、各方协同、职工参与、全面推进的工作格局，实现竞赛工作的项目化管理、全员化参与、信息化跟踪、精准化考评。

组　长：项目主要领导（项目经理或书记）；

副组长：分管生产、安全或党群工作的项目领导班子成员；

组　员：项目相关部门负责人。

项目劳动竞赛领导小组下设专项小组（示例）：

竞赛组织小组：综合部牵头，负责竞赛方案制定、宣传动员工作，包括制作宣传资料、发布、通报竞赛信息，组织竞赛会议等。

竞赛实施小组：工程、技术、设备部门组成，负责劳动竞赛方案的实施，考核评比资料的汇总和统计，提供竞赛所需的技术支持，包括设备、工具和技术咨询等。

竞赛保障小组：综合部和安监部牵头，提供竞赛人员保障和安全保障。

（二）竞赛内容

立足“六比六创”（围绕中心比效益，创高效精品工程；立足岗位比技能，创匠心精品工程；促进发展比质量，创优质精品工程；推动学习比创新，创智能精品工程；节能减排比效果，创生态精品工程；履行责任比贡献，创和谐精品工程），重点将高质量项目管理工作要求转化为可量化的竞赛目标，将对应的工作举措转化为可执行的竞赛内容，通过竞赛促进项目管理体系穿透，着力提高创新能力和价值创造能力，将劳动竞赛成果转化为生产力，以项目管理水平提升带动企业创效能力提升。

（三）竞赛种类和方式

1. 生产竞赛

以完成生产任务节点指标或锚定生产经营重难点任务为主要目标开展的劳动竞赛，通过具体竞赛措施层层分解，落实竞赛目标、要求，助推项目完成工程建设节点目标和重难点任务。

2. 技能竞赛

针对不同工种，如质量员、施工员、安全员、焊接工、厨工等，立足提升技术技能水平和综合素质而开展的技能竞赛、技术比武。

3. 创新竞赛

鼓励职工在生产工艺、技术方案、管理流程方法等方面献计策、创成果，总结知识产权，夯实畅联创新平台质效（创新工作室及创新联盟建设），解决工作中的实际问题。例如，合理化建议、创新成果征集评审、“惠创新”平台成果涌现及奖励、创新工作室评审认定等。

4. 安全竞赛

追求“安全第一、违章为零、隐患为零、事故为零”的目标，立足解决管理缺陷、人的不安全行为、物的不安全状态，杜绝施工现场“三违”现象，推动解决安全生产短板弱项和痛点、难点问题的竞赛。例如，施工作业规范操作比武、现场隐患随手拍、“安康杯”竞赛等形式。

5. 节能竞赛

聚焦工序及界面能效提升、能源消费结构优化、提升职工绿色低碳意识开展的竞赛，如开展绿色低碳知识竞赛和宣讲、优秀案例评选等活动。

（四）竞赛推进实施步骤与运行机制

1. 劳动竞赛主要的三个阶段

（1）部署启动阶段。项目结合工作实际，制定印发竞赛实施方案，有条件的项目可从简举办启动仪式（不是必需），开展系列宣传活动，全面部署动员劳动竞赛开展。

（2）组织实施阶段。落实竞赛方案，重点关注竞赛评价标准落实情况和工作推进情况，加强工作督查，大力宣传、交流竞赛的特色做法。

（3）总结评价阶段。重点归纳总结竞赛在稳增长、优结构、提质效、控风险、促进改革攻坚和创新转型及加强党建引领等方面的效果，选树先进典型，通报表彰，全面展示竞赛成果。

2. 竞赛运行机制

季度工作例会机制：每季度首月上旬，召开竞赛季度工作例会，组织竞赛牵头部门交流竞赛开展情况，分享工作经验，相互学习、共同提升。

半年一次的竞赛通报机制：每半年组织开展一次竞赛考核排名通报，表扬先进，鞭策后进，落后单位由竞赛牵头部门进行帮扶指导。

年终评比立功表彰机制：用好、用足竞赛评比表彰激励机制，年终评选劳动竞赛表现突出的集体、个人，在项目职工大会上隆重表彰。

二、合理化建议、技术革新工作

（一）上报

分为征集报送及主动报送两个类型。征集报送由项目工会协同有关部门，明确征集范围、上报流程和报送格式要求等，向项目职工征集合理化建议、技术革新内容；主动报送由项目职工通过工会建立的线上、线下渠道常态化报送，集团“惠创新”平台在三级公司开通后，项目职工可随时通过平台报送创新成果（格式见附件2）。

（二）评审

项目工会牵头组织项目技术专家、相关部门组成合理化建议技术革新评审小组。项目工会对职工报送的合理化建议、技术革新成果进行形式审查，确保报送内容清晰完整，指向明确，形式完备；移交项目合理化建议技术革新成果评审小组进行专业评审，项目可以定期召开评审会议进行集中评审；评审完毕将评审意见及时反馈给职工，相关记录存档。“惠创新”平台提交的职工创新成果，由依托各单位吸收的平台专家团队进行逐级评审认定。

（三）推广

根据评审结果，筛选出具有可行性和创新性的建议或成果，优先在本项目进行一段时间的验证应用，根据应用效果，由项目工会协同有关部门将成效良好、适宜在更广范围内应用的内容报送至上级工会，由上级工会组织进一步推广应用。

（四）管理

项目工会明确对优秀合理化建议与技术革新成果的激励奖励制度，负责推进对项目优秀建议成果的评审、奖励和传播分享，对优秀成果验证应用实施过程中的问题和效果进行跟踪，收集反馈信息，根据反馈信息不断优化建议评审和实施流程，提高管理效率。同时，负责将优秀合理化建议与技术革新成果评审结果和实施情况向全体员工公开，接受监督。

三、劳模（工匠人才）创新工作室创建

（一）创建基础

项目工会应以生产经营一线创新为基础，以岗位创新为重点，有计划地推进职工创新团队——创新工作室的建设。创新工作室创建要具备“七有”条件：有在职市级以上劳模或技艺精湛的领衔人；有功能明确的固定场所；有规范严格的管理制度；有至少 3 人的创新团队；有一定的经费保障；有具体明确的创新目标；有发挥示范引领和团队协作优势的创新效果展现。

（二）管理评审

创新工作室领衔人负责劳模（工匠人才）创新工作室的日常管理工作，项目工会负责协同有关部门在团队建设、资金支持、课题参与、培训指导、成果推广、人才晋升等方面给予支撑保障。在前述创建基础条件的基础上，优先推荐有实用创新成果、有较强示范引领作用、职工群众认可度高的创新工作室申报上级工会示范性创新工作室称号，积极争取上级工会命名及激励政策支持。

项目工会负责通过媒体宣传等方式扩大创新工作室的社会影响力，激励更多职工参与创新实践。

（三）创新工作室联盟与动态管理

针对项目流动性强的特点，项目工会可在上级工会指导下，按照“业务相通、目标相近”的原则，由两个以上创新工作室组

成创新工作室联盟，发挥集约集聚效应，推动共建共享，打造攻关能力更强、服务范围更广、成果转化更快、示范带动作用更好的技术团队。创新工作室联盟由公司工会负责管理，各创新工作室在原项目完工后，可根据人员调动实际情况，由公司工会在创新工作室联盟框架内，协调有关部门进行人员调配补充，在新的项目部继续开展工作。

附件 1

劳动竞赛推进流程模式

一、制定劳动竞赛方案

根据××项目施工总计划，为调动项目全体职工的工作积极性，增强合作队伍施工的能动性，促进各层级相互之间的沟通、协作，提升工作效率，加快施工进度，保安全、保质量，将本项目打造成优质工程、绿色工程、廉洁工程，特针对××月××日节点任务目标制定劳动竞赛实施方案。

二、明确组织构架和工作职责

劳动竞赛实行统一领导、分类考核。考核坚持公平公正、每月一评、奖罚分明的原则和方式。为更好地推进劳动竞赛开展，确保竞赛取得实效，特成立项目部劳动竞赛领导小组，并规定竞赛领导小组职责。

三、确定竞赛主题

此次劳动竞赛活动主题为“××××××××，×××××××”。严格按照业主要求，保质量、保安全如期完成一期工程建设。

四、明确竞赛目标

充分发挥劳动竞赛内增效益、外树品牌的作用，进一步稳定和谐劳动关系，激发广大职工的积极性、创造性和“主人翁”责任感，提高项目建设管理水平和工程实体质量水平，将项目打造成优质工程、绿色工程、廉洁工程。

（一）进度目标

项目部对业主和上级单位下达的年度任务目标进行分解，细化到每月和每周。同时，为激发团队斗志，设置保底目标和挑战目标。

保底目标：×××

序号	月份	目标完成数	累计完成数	目标完成量	累计完成量
1	×	×	×	×	×
2	×	×	×	×	×
3	×	×	×	×	×
4	×	×	×	×	×
5	×	×	×	×	×
6	×	×	×	×	×
7	×	×	×	×	×

挑战目标：×××

序号	月份	目标完成数	累计完成数	目标完成量	累计完成量
1	×	×	×	×	×
2	×	×	×	×	×
3	×	×	×	×	×
4	×	×	×	×	×
5	×	×	×	×	×
6	×	×	×	×	×
7	×	×	×	×	×

（二）质量目标

工序验收一次通过率 100% 以上；检验批、分项、分部工程质量检验合格率 100%；单位工程一次交工验收合格率 100%；不发生质量事件，无质量投诉事件。

（三）安全环保目标

不发生因工伤亡责任事故；符合国家、业主环保标准、要求；无投诉事件。

（四）成本管理目标

各项成本指标控制在公司要求的范围内，未造成成本浪费事件。

五、时间安排

（一）启动阶段（×—×月）

项目部按照年度工作安排和要求，结合实际制定竞赛实施方案，开展系列宣传，营造良好氛围。有条件的项目竞赛，可以结合项目实际举行启动仪式。根据制定的劳动竞赛目标任务，调动党员先锋队、青年突击队和广大职工参赛积极性，争创“党员先锋岗”、“工人先锋号”。

举办竞赛启动仪式一般要求项目部全员参加，并邀请合作队伍主要负责人参加，有条件的可邀请上级单位领导参加。启动仪式重点是将劳动竞赛规则宣传到位，签订劳动竞赛责任书，向参与竞赛的党员先锋队、青年突击队授旗，激励参赛职工争创“党员先锋岗”、“工人先锋号”，并对劳动竞赛各项措施进行细化部署。

启动仪式流程（参考）：

1. 项目书记介绍与会人员；
2. 项目生产副经理（或其他班子成员）宣读劳动竞赛方案；
3. 项目经理与合作队伍签订劳动竞赛责任书；
4. 单位领导向参与竞赛的党员先锋队、青年突击队授旗；
5. 项目经理作下一步工作部署；
6. 主持人或单位领导作总结讲话。

（二）组织实施阶段（×—×月）

积极落实竞赛方案，大力宣传、交流竞赛特色做法，及时报送活动相关进展。

（三）总结评价阶段（×—×月）

对照劳动竞赛方案，总结评价竞赛开展情况，并向公司提交劳动竞赛总结，展示劳动竞赛成果，参评各级劳动竞赛荣誉。

六、考核评比及奖惩

考核评比细则要以对劳动竞赛目标完成的贡献度为评判标准，同时要制定科学的计算公式，确保做到公平、公正、公开；考核也要及时兑现，达标就按规则进行奖励，没达标也作出相应的惩罚，达到奖惩分明、及时激励的效果。

一般针对合作队伍和管理人员分别制定考核办法。

（一）合作队伍考核办法

为鼓励合作队伍的积极性和创造性，提高劳动生产率和工作效率，形成良好的激励、牵引机制，保障本项目各个节点目标任务的完成，确保本项目××××管理目标的实现，特制定本办法。

1. 激励原则。公平、公正、公开，奖优罚劣，奖勤罚懒，鼓励上进，鞭策落后，有功必奖，有错必究，结果导向，标准严格。

2. 考核时间。××××年××月××日至××××年××月××日。

3. 现场进度考核原则。各部门每月末汇总合作队伍本月进度完成情况并编制下月进度计划，交由项目领导班子审核；每季度考核一次，项目领导班子根据各合作队伍进度完成情况确定予以奖励或处罚。

奖罚量化为合作队伍考核当期完成的工作总量，考核指标为保底工作量和挑战工作量。

4. 投诉或罚款扣分原则。对安全环保、质量、进度及节能减排投诉进行分数扣减。

5. 综合管理考核打分原则。每月由项目领导班子成员对合作队伍进行综合管理考核打分，考核内容包括合作队伍对项目部指令完成的有效性和及时性、对项目部各部门工作的配合度等情况，扣分或加分时需注明原因。

6. 明确奖金计算方法。

（二）管理人员考核办法

项目部对各部门、参赛职工每月实行一次考核，考核主要以工程部现场施工进度、其他部门工作计划完成情况，安全环保、质量、进度、节能减排等投诉或罚款，以及分管领导考核打分为依据。

1. 激励原则。公平、公正、公开，奖优罚劣，奖勤罚懒，鼓励上进，鞭策落后，有功必奖，有错必究，结果导向，标准严格。

2. 考核时间。××××年××月××日至××××年××月××日。

3. 现场进度考核原则。各部门每月末汇总本月进度完成情况并编制下月进度计划，交由项目领导班子审核，领导班子根据各小组所负责分项的整体进度完成百分比确定奖惩。

4. 明确投诉或罚款、扣分原则。

5. 综合管理考核打分原则。各部门、各岗位奖励系数参考下表，最终系数由分管领导根据实际表现确定。

各部门、各岗位奖励系数

部门	岗位	部门系数	岗位系数	综合系数
①	②	③	④	⑤=③×④
工程部	经理助理/部长	××	××	××
	副部长	××	××	××
	主管技术员	××	××	××
	技术员	××	××	××
	工程适应岗	××	××	××
	施工员	××	××	××
	资料员	××	××	××
安全环保部	部长	××	××	××
	副部长	××	××	××
	安全主管、安全员	××	××	××
	安全适应岗	××	××	××
	资料员	××	××	××
QA/QC 部	部长	××	××	××
	副部长	××	××	××
	质检主管、质检员	××	××	××
	质检适应岗	××	××	××
	资料员	××	××	××
机务部	部长	××	××	××
	副部长	××	××	××
	机务主管、机务员	××	××	××
	电工/机修/司机	××	××	××

续表

部门	岗位	部门系数	岗位系数	综合系数
①	②	③	④	⑤=③×④
测量班	班长	××	××	××
	测量主管、测量员	××	××	××
	测量适应岗	××	××	××
技术部	部长	××	××	××
	技术主管	××	××	××
试验室	主任	××	××	××
	试验主管、试验员	××	××	××
物资部	部长	××	××	××
	副部长	××	××	××
	物资主管、物资主办	××	××	××
	物资员、地磅员	××	××	××
合约部	经理助理/部长	××	××	××
	副部长	××	××	××
	合约员	××	××	××
	合约适应岗	××	××	××
征拆协调办	征拆主任	××	××	××
	征拆员	××	××	××
财务部	部长	××	××	××
	副部长	××	××	××
	财务主管	××	××	××
	财务适应岗	××	××	××

续表

部门	岗位	部门系数	岗位系数	综合系数
①	②	③	④	⑤ = ③ × ④
综合部	部长	××	××	××
	副部长	××	××	××
	文员	××	××	××

6. 奖金计算方法。本制度实行期内工程部应获奖金的计算公式如下：

奖金数 = 奖金基数 × 综合系数 × 投诉或罚款得分% × 综合管理考核打分%

本制度实行期内除工程部外应获奖金的计算公式如下：

奖金数 = 奖金基数 × 综合系数 × 计划工作完成情况考核打分% × 投诉或罚款得分% × 综合管理考核打分%

附件 2

“惠创新”平台职工创新成果提交格式

项目成果基本情况（成果所属者填写）

<table>
<tr><td>第一
完成人</td><td></td><td>性别</td><td></td><td>民族</td><td></td><td>身份
证号</td><td></td></tr>
<tr><td>技术职称</td><td colspan="5"></td><td>聘任时间</td><td></td></tr>
<tr><td>成果名称</td><td colspan="5"></td><td>成果
类别</td><td>成果所属者及二级单位执行下拉菜单，上传到集团认定执行两类</td></tr>
<tr><td>成果起止
时间</td><td colspan="5"></td><td>是否属于
节能环保
类成果</td><td></td></tr>
<tr><td>成果
所属单位</td><td colspan="5"></td><td>联系电话</td><td></td></tr>
<tr><td>通信地址</td><td colspan="5"></td><td>职务</td><td></td></tr>
</table>

项目主要参加人员

<table>
<tr><td>姓名</td><td>工作单位及职务</td><td>技术职称</td><td>本人签字</td></tr>
<tr><td></td><td></td><td></td><td></td></tr>
<tr><td></td><td></td><td></td><td></td></tr>
<tr><td></td><td></td><td></td><td></td></tr>
<tr><td colspan="4">成果经济价值（创收金额、节资金额用具体数据说明，单位为万元）：</td></tr>
<tr><td colspan="4">社会价值（从创新性、先进性、实用性、科技含量和社会认可方面说明）：</td></tr>
<tr><td colspan="4">成果应用情况及推广方向：</td></tr>
</table>

注：表内填写的成果经济价值、社会价值、应用情况以上传附件形式提供相应的证明。

附件 3

创新工作室条件考核参照表

考核项目	考核内容	考评分	自评分	评定分
硬件设施（15 分）	1. 工作室挂牌，组织架构、目标任务、制度规定、年度计划等挂墙	10 分		
	2. 有固定场地、办公设施和开展日常活动所需的硬件条件	5 分		
工作制度（25 分）	1. 有年度工作计划，目标明确，规划科学	5 分		
	2. 工作室定位准确，符合技能人才为骨干、倡导岗位创新、服务生产经营、日常管理科学合理的群众性创新活动要求	5 分		
	3. 有创建目标考核制度，对创建目标达成情况进行检查考核	10 分		
	4. 有相应的保障和激励机制	5 分		
项目实施（25 分）	1. 有项目实施内容、时限、要求、考核标准	5 分		
	2. 年度完成项目不少于 2 项	10 分		
	3. 建立项目责任制，明确项目负责人和参与者，分工明确	5 分		
	4. 行政拨有一定的专项保障经费	5 分		

续表

考核项目	考核内容	考评分	自评分	评定分
人员结构（20分）	1. 有市级以上劳动模范（先进工作者）、五一劳动奖章获得者或技艺精湛、业内认可的工匠人才为领军人物	4分		
	2. 工作室成员不少于3人，有成员名册	3分		
	3. 工作室负责人和成员能够指导职工提高技能，带动本单位职工创新工作，组织开展岗位练兵、技术攻关、技能培训等活动，起到良好的传、帮、带作用	10分		
	4. 在参与工作室创新项目成员中至少有20%来自一线岗位	3分		
创建材料（15分）	1. 创新工作室经费使用情况，账目分明	5分		
	2. 工作室创建情况，包括创建工作领导小组、工作室主要成员名单及基本情况、管理制度、年度计划和总结	5分		
	3. 工作室项目实施情况，包括项目负责人及参与者工作职责、项目实施日常记录台账、项目考评记录	5分		
加分项（15分）	1. 市级以上优秀职工创新成果和优秀职工创新项目	5分		
	2. 可显化的经济成果	5分		
	3. 工作室成员获得市级以上荣誉	5分		
合计		115分		

第四章　职工劳动安全监督与权益维护

一、职工劳动安全监督与权益维护工作内容

围绕“安心项目”建设主题，着重做好以下工作：

（一）加强职工安全生产和职业健康防护知识教育培训，推进项目安全生产文化建设，提高职工事故防范、应急处置和自我保护能力。

（二）督促项目执行有关劳动报酬、劳动安全卫生、工作时间、休息休假、女职工劳动保护、保险福利等劳动法律法规。

（三）建立工会劳动保护监督检查工作机制，健全劳动保护监督检查网络，协同巡查施工现场安全生产、劳动保护状况，依法制止强令工人冒险作业和严重危害职工安全健康行为。

（四）参与劳动安全事故调查与处理，实事求是地依法向上级工会或有关部门反映情况，可要求追究有关人员的相关责任。

二、职工劳动安全监督、权益维护的形式、途径

（一）源头参与，推进职工劳动安全民主管理。项目工会组织、代表职工通过提建议、去函复函、召开联席会议、参加安全

工作会议、沟通协商、审议规章制度及重大事项等方式，提出工会的意见和主张，反映职工的合理诉求，推进情况通报、问题协商、解决方案制定，切实推动解决职工安全健康工作中的突出问题。

（二）依法监督，开展职工劳动安全监督检查。通过设立工会劳动保护监督检查员、工会小组劳动保护检查员，建立完善工会监督检查、重大事故隐患和职业危害建档跟踪、群众举报等制度，协助项目开展安全生产督导检查、劳动保护用品发放和使用监督检查，及时报告发现的安全隐患、违法违规行为，并提出解决建议。

（三）广泛动员，营造群众性安全生产氛围。以“创建零事故环境，打造零事故现场”为重点，开展安全生产宣传教育培训，组织以“安康杯”竞赛等为载体的各类群众性安全生产活动，规范职工安全生产行为，开展应急逃生演练，提升职工安全生产素质、能力。

（四）后期保障，参与职工因工伤亡事故和其他严重危害职工健康问题的调查处理，依法维护工伤职工和职业病患者的法定权益。

三、项目女职工特殊权益维护监督

（一）依法维护女职工的合法权益，遵守女职工禁忌从事的劳动范围规定，采取必要措施预防女职工遭受职业病危害，重点是女职工经期、孕期、产期、哺乳期保护，禁忌劳动、卫生保健、生育保险等特殊利益。加大女职工劳动安全卫生知识教育培训力度，加强女职工人文关怀和心理疏导工作。

（二）深化工会婚恋交友服务，教育引导职工树立正确的婚恋观，开展更加符合职工需求及特点的婚恋交友活动，结合实际做好职工子女关爱、工会爱心托管等服务，创建家庭友好型工作场所。

（三）有条件的项目，可结合上级管理要求，借鉴上海地区单位对一线项目女职工的普惠制度：

1. 女职工具有二级以上医疗机构证明有习惯性流产史等可能影响正常生育的，经本人申请，单位应批准其休产前假。女职工在怀孕 7 个月以上及哺乳期内，每天给予工间休息 1 小时。女职工妊娠期间，在医疗机构约定的劳动时间内进行产前检查，应视作工作时间。女职工产假按照国家规定标准执行。产假期满后，若本人上班有困难，且工作许可，由本人书面申请，经单位批准，可休 6.5 个月的哺乳假，其工资待遇按法律规定执行。

2. 工作中经常接触电脑或有其他可能受到辐射情况的女职工，怀孕后（凭医院证明）享受购买防辐射服一次性报销 500 元。

3. 为女职工按每人每月 50 元的标准发放卫生费，每年凭发票报销。所需费用，从职工福利费中列支。

第五章　职工宣教与素质提升

一、职工宣教

（一）职工宣教工作的要求

项目职工宣教工作是服务党和国家、企业工作大局及工会工作全局、竭诚服务职工的重要工作，在工会各项工作中起着重要的先导、促进和保证作用。项目工会要通过各种手段和途径、内外媒体资源，对职工进行思想政治、职业道德、形势任务宣传教育，有效维护职工精神文化权益，团结激发职工助推企业高质量发展的活力和凝聚力。

（二）职工宣教工作的主要任务和做法

1. 坚持正确的政治方向，强化思想引领责任。深入贯彻习近平新时代中国特色社会主义思想，培育和践行社会主义核心价值观，引领职工听党话、跟党走。

2. 把握形势任务变化，服务大局增强动力。向职工宣传企业发展战略、目标任务和机遇挑战，增强职工高质量发展的责任感和使命感。

3. 大力弘扬3种精神，加强正向舆论引导。弘扬劳模精神、劳动精神、工匠精神，镜头聚焦一线职工，大力宣传工人阶级和工会工作，开展富有特色的社会公德、职业道德和家庭美德教育，形成齐心促发展合力。

4. 打造工会宣传阵地，满足精神文化需求。将工会宣传与项目日常内外宣传统筹计划同步推进，由专人负责建立考核奖励机制，增加在集团官微、工会官微，以及相关官方媒体的投发稿数量，扩展项目影响力，增强项目职工自信，营造健康文明、昂扬向上的文化氛围。

（三）抓好工会信息工作

项目工会信息工作要把握重点、聚焦热点、关注亮点，做到主题鲜明、真实准确、满足时效，确保重大信息不漏报、动态信息不迟报、特色信息不简报。

1. 专人负责。配备项目工会信息员，明确职责和任务，保证报送及时、迅速、准确。

2. 严格把关。加强对报送信息的审核、筛选和加工整合，明确报送及审核渠道，重要信息不漏报、不迟报，保障信息的时效性和准确性。项目工会主席需对信息资料进行审核把关，对信息的真实性和完整性负责，支持信息员及时采集和报送工会信息。

3. 明确内容。工会信息所涵盖的内容包括工会组织贯彻执行党的方针政策，围绕企业中心工作开展的有关活动；与工会工作有关的重要会议和上级领导检查、调研情况；工会履行基本职能涉及的重要活动及有关情况；受表彰的劳模、集体典型事迹；工会工作的典型经验、体会和论文；关于加强和改进工会工作的意见、建议；职工思想动态，包括群众反应比较强烈的突出问题和在职工队伍稳定工作中带有倾向性的问题；与工会或者职工相关的突发性事件和重大安全事故；其他有关信息。

4. 上报要求。工会信息逐级上报，项目工会信息原则上上报所属上级单位工会，上报频次、数量及考核奖励执行所在单位工会的规定和标准。

二、职工素质提升

（一）职工素质提升工作要求

项目职工素质提升工作要树牢“科技强基、人才强基”导向，通过多种形式的学习培训、岗位练兵、技术比武，以及导师带徒等方式，提高职工的思想道德素质、科学文化素质、技术技能素质，传承和弘扬时代精神与优秀企业文化。

（二）职工素质提升工作的主要任务和做法

1. 把握提升需求，制订培训计划

关注职工个人发展规划和成长需求，通过问卷、面谈、网络调研等形式掌握职工在素质提升方面的真实需求，研究制订有针对性、差异化的项目职工培养教育、技能提升和导师带徒学习计划并实施。

2. 紧跟实际需求，开展学习培训

挖掘利用社会培训资源和网络教育资源，提供多层次、全方位的岗位培训课程，通过脱产和业余、集中和分散相结合的多种形式，切实提高岗位培训效果。重点加强对新知识、新技术、新工艺的培训和推广，培养具备跨领域技能的复合型人才，满足企业多元化发展的需求。

3. 落实奖励政策，拓展学习途径

激励职工积极参与职业技能培训和学历提升，对于已取得相关职业或执业资格证书和学历提升证书的职工，按照所在单位规定落实相应奖励。

立足学习型班组和船舶建设，在抓好岗位培训的基础上，丰富学习形式和内容，通过读书自学、结合专业技能开展文娱活动，营造学习氛围，引导职工在短期内有效获取知识，提升技能水平。

4. 搭建展示平台组织，练兵比武

立足“需求导向、学练结合、以赛促训”原则，“以赛带练”砺精兵，组织职工参与上级和属地技术比武，实现企业与职工共同发展的双赢目标。

（1）开展项目练兵。对于项目级岗位练兵，加强组织领导，制定详细的练兵比武实施方案，明确比赛的时间节点、内容形式、保障措施和推进步骤。

（2）响应上级比武。对于上级组织的技能比武，积极响应，协调工学关系，鼓励符合条件的职工踊跃参赛。

（3）参与外部比赛。对于属地技能大赛，鼓励职工在高规格竞赛中锤炼技艺，收获荣誉和物质奖励，进一步激发职工素质提升的热情。

（4）落实培训奖励。创造条件开展赛前培训，培赛结合，提升职工竞技水平和实操能力。根据项目实际制定奖励措施，总结并表彰在练兵比武中涌现的先进。

5. 助力青年成长，实施导师带徒

为新入职的青年职工和有需要的其他青年职工提供拜师学技平台，帮助他们选择合适的导师，促进青年职工快速成长和发展。

（1）依据上级单位相关要求和指导意见，制定具体的实施方案，明确目标、内容、方法和要求，增强操作性和执行力。

（2）创造条件为徒弟配备技能和文化双导师，其中，项目技能导师要求工作年限不得少于3年，优先鼓励项目领导班子成员带徒；文化导师原则上由党支部书记或工会主席担任。

（3）举办导师带徒签字仪式，明确师徒双方的责任和义务，以仪式感提升责任感。定期进行考核评估，确保出徒率。

（4）通过迎新会、拜师仪式、恳谈会、经验交流会等多种形式，营造浓厚的传承氛围，推动活动的深入开展。

（5）关注师徒的思想动态和学习工作情况，及时进行沟通协调，确保师徒关系和谐稳定，如师徒关系发生变化，及时办理转接手续。

（6）选拔和表彰优秀的师徒组合，树立榜样，激励更多职工参与拜师学技活动。

三、项目职工文体活动

（一）项目职工文体活动的特点和任务

项目职工文体活动要兼具思想性、知识性、艺术性、趣味性，围绕职工所需、所盼、所想，满足职工日益增长的生活品质提升和精神文化需求，充分彰显群众性和职工喜闻乐见的特点，发挥“工”字特色，增强职工队伍凝聚力。

（二）开展项目职工文体活动的做法

1. 丰富活动形式

以丰富职工业余文化生活为目的，鼓励其在传统形式文体活动基础上创新突破，因地制宜、彰显特色。开展文化活动，如书法、绘画、摄影、歌舞、烹饪等；体育活动，如球类、健身、棋类等；联谊联欢活动，如友谊比赛、娱乐联欢、慰问演出等。

2. 注重活动策划

坚持文化赋能项目，结合上级工会要求和企业阶段性工作导向，策划普及性强、参与面广、体验感好，能够在项目落地实施的特色职工文体活动，并确保活动有序推进。

3. 多样化活动安排

每月活动经常化，每季活动多样化，重大节点、节日活动主题化。充分利用信息化手段，将互联网技术与职工文体活动组织相结合，打破时间和空间限制，扩大参与范围。

4. 建立活动阵地

加强职工文化阵地建设，为职工创造室内外文体活动条件。建设职工活动室和职工书屋，配备设施设备；创造条件开辟室外运动场。有效利用社会文化体育资源，就地、就近开展文化体育活动，促进内外交流。

5. 培养文体人才

挖掘培养职工中的文体人才，发挥骨干作用，成立各种文体兴趣小组，培育特长人才，储备文艺职工，带动并活跃职工文化生活。

第六章　职工福利与慰问

一、职工福利

项目工会依法合规为职工提供福利待遇，传递企业关爱，提升职工生活品质。

（一）配置服务设施

在行政和上级工会支持下，在项目建设之初，统筹配套建设职工文体设施和健康服务设施，具备条件的项目和建设周期较长的项目应建设职工活动室、职工书屋和职工健康服务站等。

（二）发放法定节日慰问品

法定节日可向项目会员职工发放节日慰问品，原则上为符合中国传统节日习惯的用品和职工群众所必需的生活用品等。发放标准按照上级工会规定执行。

（三）发放生日慰问品

工会会员职工生日可发放慰问品，可为生日蛋糕等实物或指定蛋糕店的蛋糕券。发放标准按照上级工会规定执行。

（四）发放其他福利

在职工婚育、生病住院、到龄退休等其他符合规定情况出现时，可向职工发放一定额度的慰问品、纪念品或慰问金，具体标准按照上级工会规定执行。

二、职工帮扶慰问

帮扶慰问是项目工会服务职工最直接的方式，作为一线职工需求响应的“第一人”，项目工会要切实为党政分忧，为职工解困。

（一）提供常态化暖心服务

1. 坚持对一线职工春送健康、夏送清凉、金秋助学、冬送温暖等制度，慰问标准遵循上级工会要求。

2. 监督落实各项社会保障制度和职工带薪年假制度。

3. 开展为职工过集体生日活动。

4. 协助做好后勤工作，改善职工工作、生活条件，打造最美工地、最美食堂、最美宿舍。

（二）帮扶困难职工

1. 建立亲情档案和困难职工档案，并及时更新，加强重点人群跟踪，确保帮扶精准到位。

2. 及时对因病、因灾、因突发事件等生活困难和临时困难的职工予以慰问补助，并可按上级工会有关规定申请救助款。

3. 在特殊情况下，鼓励职工发扬团结互助的精神，依靠集体力量，通过捐款等形式帮助困难职工渡过生活难关。

（三）配合上级工会慰问

1. 上级工会在工程（项目）中进行慰问，发放慰问金。受慰问项目职工代表签“慰问金领取单”。

2. 受慰问项目，结合职工实际需求，多方比价购买实物慰问一线职工；职工领取的同时，现场签认“慰问物品签领表”。

3. 受慰问项目工会按照要求，将购买慰问物品“转账记录、购买发票、职工签领表”原件寄送至上级工会。

三、服务青年职工

利用上级工会或属地资源为单身青年提供婚恋交友服务，组织开展单身青年交友联谊活动；有条件的项目工会可联合上级工会举办集体婚礼。

四、关爱先模工匠

（一）会同党政开展项目部评先、评优工作，建立先模人物和优秀工匠信息库。

（二）落实上级工会关于各类先进、劳动模范和工匠人物的管理制度，保证先进模范参加体检、休养等相关活动，享受相关待遇。

五、做好女职工工作

（一）监督落实女职工劳动保护特别规定，按照《集体合同》女职工特殊权益维护专章或《女职工权益保护专项集体合同》，维护女职工合法权益和特殊利益。

（二）推进巾帼建功和科技创新巾帼行动，开展“三八”妇女节女职工文体活动。

第七章　产业工人队伍一体化管理

一、制度依据

（一）《关于加快培育新时代中交产业工人队伍的指导意见》（中交党办发〔2022〕80 号）。

（二）《中交集团高质量落实关于充分发挥国有企业在推进产业工人队伍建设改革中带动作用的意见的实施方案》（中交党办发〔2023〕15 号）。

二、管理导则

以习近平新时代中国特色社会主义思想为指导，深入贯彻习近平总书记关于产业工人队伍建设改革的重要指示精神，坚持以提高生产效率为出发点，以产业工人服务需求为导向，按照政治上保证、制度上落实、素质上提高、权益上维护的总体思路，围绕“塑魂”“赋能”“维权”三大工程，推动项目产业工人队伍一体化建设。

（一）“塑魂”引领

坚定落实全心全意依靠工人阶级的方针，开展“中国梦·劳动美”“中交蓝·党旗红”主题教育，最广泛地凝聚产业工人坚定不移地听党话、跟党走。提高产业工人党员比例，把技术能手、劳模工匠、优秀工人吸收到党组织中；推荐一定比例的优秀产业工人列席或作为代表参加项目职工大会等，原则上每年每家协作队伍不少于1人列席或作为代表参加项目职工大会；适当增加产业工人在优秀共产党员、劳动模范、最美职工等先进推选中的比例。

（二）“赋能”提升

大力弘扬劳模精神、劳动精神、工匠精神，实施竞赛创新激励措施，引导产业工人参与项目劳动竞赛、科技创新；充分发挥“惠创新”平台作用，鼓励产业工人参与“五小”创新，申报创新成果、发明专利、施工工法；将产业工人培养列入项目重点工作，创新开展不同工种技能竞赛，通过工地课堂（夜校）、购买培训服务、学徒带教等形式，促进产业工人素质提升，培养更多金牌工人、首席技师、大国工匠。

（三）“维权”保障

推动产业工人集体入会工作，给予其工会会员身份认同，项目可探索在协作队伍建立工会联络员的形式，将工会活动、服务扩展覆盖至产业工人；注重产业工人安全教育，最大限度地减少安全生产事故和职业病危害，打通安全生产监督服务“最后一公里”；严格执行《中交集团暨中国交建分包单位农民工工资支付监督管理办法》（中交产运发〔2021〕54号），确保用工管理、现场管理、工资发放实名化，做到农民工身份证、劳动合同、花名册、考勤表和工资发放表（银行流水单）、工资公示表的“六统一”；从严督促协作单位劳动合同的签订履行，项目与协作单位签署的协议中，明确协作单位要依法与产业工人签订书面劳动合同，为产业工人缴纳基本社会保险；合同额10亿元以上、施工周期24个月以上、产业工人（含各类劳务派遣制员工、分包队伍聘用的产业工人等）数量较多的项目应探索建设“中交产业工人之家”，提供区域式管理、家庭式关怀、一站式服务。

三、管理模式

产业工人队伍一体化管理可分为劳务派遣制员工一体化管理和分包队伍聘用的产业工人一体化管理两个层面。

（一）劳务派遣制员工一体化管理

推进劳务派遣制员工一体化管理，首先按照集团有关制度要求全面推进劳务派遣制员工集体入会工作。用工单位工会与派遣单位工会按照“委托代管、双向管理、共同维护”的原则，签订《劳务派遣制员工工会会员代管协议》，对劳务派遣制员工会员进行日常代管，实现劳务派遣制员工一体化管理。同时，深化劳务派遣制员工“塑魂”引领、“赋能”提升、“维权”保障工程，在强化思想引领的前提下，“同步”做好以下5个方面的工作：

1. 拉通福利保障。项目工会应确保劳务派遣制员工会员享受与正式职工会员同等的福利待遇，包括生日慰问、高温慰问、节日慰问等，竭诚提升其生活保障待遇，实现劳务派遣制员工能体面工作。

2. 丰富文化生活。依托重要节日等，组织开展职工喜闻乐见的文体活动、志愿活动，吸纳劳务派遣制员工会员参与，营造和谐向上的团队氛围。

3. 参与民主管理。劳务派遣制员工代表列席参加项目职工大会、会员大会等，打通劳务派遣员工建言献策渠道，为企业高质量发展贡献智慧。

4. 强化关心关怀。项目工会应定期做好职工队伍思想动态分析、心理压力疏导，积极帮助劳务派遣制员工队伍解决实际困难，提升员工队伍稳定性。

5. 收取工会经费。项目工会应按照上级规定，对劳务派遣制员工会员定期足额收缴工会会费，并督促劳务派遣单位及时足额提取劳务派遣制员工工会经费。

（二）分包队伍聘用的产业工人一体化管理

分包队伍聘用的产业工人流动性强，较劳务派遣制员工管理难度大。对分包队伍聘用的产业工人实施一体化管理，可重点做好以下“三个到位”：

1. 安全监督覆盖到位。作业现场或项目驻地建设“安全积分超市”，产业工人通过积极参加安全培训、上报安全事故隐患、提出安全管理建议等获取相应积分，定期到积分超市兑换奖励（包括食品饮料、劳保用品、生活用品、洗漱用品等），激发产业工人参与项目安全管理的积极性，推动企业安全发展形势稳定向好。

2. 素质提升助推到位。项目工会大力推行“入企即入校”培训机制，将产业工人培训列为项目重点工作推进，通过工地课堂（夜校）、购买培训服务等组织形式，促进产业工人队伍的素质提升。

3. 关心关爱服务到位。项目工会可大力建设“健康驿站”“爱心驿站”“职工服务点”，开展“爱心义剪”“健康体检”等活动，通过看得见、摸得着、用得上的措施，为产业工人提供更加贴心的服务，提高其幸福指数。

附件1

“中交产业工人之家”建设指南

一、策划原则

为推进产业工人队伍一体化管理，建设“中交产业工人之家”要紧密结合项目总平面布置进行科学规划，按照功能分区进行科学布局，按照生活便利、设施齐全、环境优美、统一管理的原则整体推进建设。

二、建设内容

（一）建立项目“中交产业工人之家”管理委员会，统筹“中交产业工人之家”各项管理工作，设主任1名，委员若干名，必要时设副主任1～2名。主任一般由项目支部书记（工会主席）担任，副主任可由协作队伍负责人担任。委员由各方选派1名代表担任。

（二）统一规划、合理布局、方便管理，按住宿、产业工人食堂、服务、活动、停车场等不同功能进行有效分区。满足施工生产、安全防护、消防、卫生防疫、环境保护、防范自然灾害和规范化管理等要求。食堂、锅炉房等采用单层建筑，与宿舍保持安全距离。

（三）科学全面布局，注重对场地地形地貌及绿色植物等资源的有效利用。充分考虑绿化、美化和人文景观的设计，合理布置板房楼群，生活区域建筑物、构筑物的外观、色调等应与周边环境协调一致，营造宁静、优美、温馨的生活环境。

（四）道路规划要实现人车分离，生活区内道路严禁车辆进入，充分考虑机动车和非机动车辆的停放空间。

三、基础设施

（一）大门设计

应结合中交视觉识别系统和当地文化元素设计，标注“中交产业工人之家”字样，可使用 LED 灯，也可考虑灯带照明效果。

大门旁设产业工人出行通道。入门左右两侧考虑建设停车场、电动车停车充电设施，规范安全管理。出入口安装门禁系统，与施工现场闸机系统相联动，防止外来人员随意进入。

（二）路牌设计

路牌基座立杆为不锈钢制，立于显著位置，路牌标明工人宿舍、浴室等位置。

（三）内部道路设计

内部道路路面全线硬化，铺设透水砖，预制混凝土块或者预制砼块。道路两侧可种树植草木进行绿化，营造良好环境。

（四）临舍设计

1. 临舍在工程建设之初由项目部进行统一设计，每个房间入住人员不得超过 6 人，宿舍室内高度不低于 2.5 米，人均使用面积不小于 2.5 平方米。床铺高度不低于 0.3 米，面积不小于 1.9 米 ×0.9 米，床铺间距不小于 0.3 米，床铺搭设不超过 2 层。每个房间至少有 1 个行李摆放架。结合所在地区气候特点，冬夏季根据需要应有必要的取暖和防暑降温措施。宿舍楼前按照晾衣区、洗漱区分区布局，杜绝走廊下晾晒衣物的情况。条件允许的可以预留设置“夫妻房”，体现人文关怀。

2. 安装专用光纤，确保免费 Wi－Fi 覆盖产业工人生活区。

3. 统一安装空调，统一控制，宿舍内无插座。

（五）道路两侧文化品牌墙宣传设计

以农民工居住的临舍为依托，将美术、国画、国学和社会主义核心价值观等内容展示在墙壁上。道路两侧围挡品牌文化，以中华优秀传统文化为主要内容，弘扬“中国梦”、社会主义核心价值观、“交融天下、建者无疆”、“固基修道、履方致远”等中交主流价值观念。

（六）体育文化娱乐场所设计

统一规划设置健身场所，配置国标健身器材，供产业工人免费使用，服务产业工人业余文化生活。

（七）食堂管理设计

食堂按照厨房、就餐区布局，设置单独的制作间、储藏间，必须有生熟分开的刀、盆、案板等炊具及存放柜，配备必要的排风设施和消毒设施。制作间必须设置隔油池，下水管线应与污水管线连接。在食堂合适位置设置密闭式泔水桶，每天定时清理。

就餐窗口按照两个以上设计，打菜窗口设计有栏杆，让产业工人有序排队打餐。

（八）生活服务设施设计

宿舍生活区合理硬化、绿化，有效排水，设置厕所、盥洗设施、淋浴间、洗衣房、开水房（炉）或饮用水保温桶、封闭式垃圾箱、手机充电柜等临建房屋和设施，保证饮用开水、洗澡热水24小时供应充足。统一设置超市、服务站、活动室等，配备药箱及一般常用药品和急救器材，设置电视机、多媒体播放设施，书报、杂志等必要的文体活动用品，提供免费剪发、义诊体检及送电影等服务。

（九）增值服务设计

按照“一室多能”、一站式服务、全员素质提升原则，可开设党群服务中心、爱心驿站、一站式教培中心等设施，把党员活动室、心理咨询室、职工讲堂等服务阵地整合为一体，一站式办理产业工人实名制认证、劳动合同签订、安全教育交底、防护用品发放、门禁卡办理等事项。与“安心项目”建设有机结合，高标准、多维度构建新时代“中交产业工人之家”。

附件 2

“中交产业工人之家”管理委员会规定

“中交产业工人之家”管理委员会是实行自治管理的常设议事和管理机构，为搭建民主管理、沟通、协调、纠纷处理的桥梁，打造产业工人议事新平台，特制定以下规定：

一、选举产生

由项目部党支部、工会牵头，组织劳务、专业分包、班组参照项目工会选举，通过公推直选产生委员会组成人员。

二、成员组成

管委会设主任 1 名，委员若干名，必要时设副主任 1 ~ 2 名。主任一般由项目支部书记（工会主席）担任，副主任可由协作队伍负责人担任，委员由各方选派 1 名代表担任。

三、管理职责

建立民主协商机制，每月召开一次管理委员会会议，严格按照民主集中制原则开展工作；统筹“中交产业工人之家”日常管理工作，监督执行“中交产业工人之家”各项管理制度；制定服务清单，为产业工人办实事。

四、民主监督

管委会的工作依照厂务公开，接受“中交产业工人之家”全体人员监督。设置意见箱、微信群，及时听取、接收产业工人意见、建议。定期开展自查自纠，提高民主管理、服务效能。

附件 3

“中交产业工人之家”宿舍管理规定

一、工人宿舍严格执行实名制管理，由项目部安排专人统一登记入住人员姓名、工种、班组、入住宿舍、进入时间信息，办理门禁卡，有条件的可设置人脸识别系统。宿舍仅限于在本项目工作的人员居住，未经批准严禁入住，严禁留宿非本项目人员，禁止本项目人员私带家属、亲朋入住。

二、项目部统一调配宿舍。宿舍必须住满之后方能申请新的宿舍，项目部负责对未住满的宿舍进行整合管理，所有入住单位必须配合。

三、宿舍内外通道保持畅通，通道宽度不小于 0.9 米，严禁将施工现场使用的工具和材料堆放在宿舍内或者走廊中。

四、所有入住人员自觉遵守作息时间，在休息时间内，不允许在宿舍区大声喧哗，影响他人休息。

五、工人宿舍内床铺按照项目部规定的位置统一摆放，不允许擅自调整；严禁工人私自拉线接电，手机 USB 充电器统一安装在固定位置，不允许工人私自拆除、移动。

六、宿舍内应配备空调等必要的防暑降温和防寒保暖设施，以及衣柜、桌椅等生活设施，后期使用中出现损坏的，责任单位按照规格型号自行购置更换。

七、除房间以外的公共区域卫生保洁由专人负责，每天清扫，人员由项目部统一安排。

八、工人宿舍区内杜绝明火，严禁在宿舍内外生火。宿舍内严禁使用大功率灯泡，以及电饭锅、电磁炉、热得快、取暖器等大功率电器。

九、住宿人员必须维护宿舍区公共卫生，保持室内干净、整洁，严禁在宿舍墙面上乱写乱画、张贴字画及钉钉子挂杂物。衣物、床单等生活用品统一到晾衣区晾晒，严禁在宿舍走廊拉线或私设晾衣杆晾晒衣物。

十、住宿人员自觉爱护洗漱间、卫生间、开水间、浴室、饭堂、洗碗池、充电房等公共区域的设施，严禁对其进行损坏或擅自改动，严禁私自拉线接电、拉管接水。

十一、住宿人员自觉节约用水、用电，当宿舍无人时关好门窗、关闭电灯、切断电源，严禁“长明灯”现象发生；在用水结束之后，及时关闭水龙头，禁止“长流水”现象发生。

十二、宿舍内禁止聚众赌博、酗酒、寻衅斗殴；不允许饲养猫、狗等宠物，以及鸡、鸭等家禽。

十三、项目部应不定期组织人员进行安全文明卫生大检查。如发现宿舍内存在脏、乱、臭现象将责令整改，对检查不合格的宿舍视情节轻重给予公示或经济处罚；对屡违者或经教育不改者给予加重处罚或清理出场。

附件 4

“中交产业工人之家”食堂管理规定

一、食堂所有工作人员必须持有健康证，统一工作服。工作时所有食堂工作人员必须着工作装，带好帽子、口罩和手套，并注意个人卫生。

二、食堂必须保持干净整洁，定期清理打扫。每次工人用餐完毕之后，食堂工作人员必须打扫厨房卫生，清洗干净厨具。

三、食堂大米、肉类、蔬菜、食用油等必须通过正规渠道采购，保证食品质量和安全，并分类存放。注意防蚊虫、苍蝇、蟑螂等，防止食物污染。禁止食物存放时间过长，必须保证饮食安全。

四、食堂使用的电器、液化气设备、油罐等设施必须检验合格，定期检查所使用的设备，保证用水、用电、用气安全。

五、安排人员清理打扫，严格厨余垃圾管理，严禁乱倒、乱扔，必须做到无蝇、无鼠、无污、无乱物。

六、所有工人就餐必须在指定地点，严禁在宿舍用餐，严禁私自移动餐桌。

七、食堂人员要积极认真做好防火工作，发现隐患及时消除。

第八章　项目工会会费收缴、工会经费使用规定

一、项目工会会费收缴规定

（一）收缴依据

中华全国总工会关于基层工会经费收支相关规定、《中交集团暨中国交建工会经费收支管理办法》（中交工联发〔2020〕84号），以及项目上级工会组织相关规定。

（二）收缴标准

项目工会会员每月应向工会组织缴纳会费，按本人“工资收入”的5‰计算，“工资收入”不包含各种津贴、补贴、奖金收入。非在岗职工保留会籍，会费缴纳方式依据有关规定或与相关方协商确定。

例如，月度应缴会费＝工资收入×5‰。

（三）收缴方式

按月收缴，确有不便的，可根据项目实际情况按月计算、按

季汇总收缴。收缴方式可灵活采用现金缴纳、银行转账、电子支付等形式。如果属地或上级工会有特别规定的，从其规定。

二、项目工会经费使用规定

（一）执行依据

中华全国总工会关于基层工会经费收支相关规定、《中交集团暨中国交建工会经费收支管理办法》（中交工联发〔2020〕84号），以及项目上级工会组织相关规定。

（二）使用范围

项目工会经费主要用于为职工服务和开展工会活动，支出范围包括职工活动支出、维权支出、业务支出、标准掌握及其他支出。

（三）项目工会经费申办流程

项目制订活动方案及费用计划→项目工会主席审批→公司工会审核→项目开展活动→活动发票汇总报销→项目工会主席审核→公司工会主席审签→公司工会财务报销并划转项目报销费用。

（四）使用规定

1. 职工活动支出

职工活动支出指开展职工教育、文体、宣传等活动发生的支出和职工慰问支出。

（1）职工教育支出。举办专题培训和职工技能培训所需的教材资料、教学用品、场地租金、授课酬金、职工素质提升补助和优秀学员奖励等方面的支出。对优秀学员的奖励应以精神鼓励为主，物质激励为辅。授课人员酬金标准参照国家有关规定执行。

（2）文体活动支出。工会开展文体活动所需的器材、服装、用品购置、租赁与维修方面的支出，以及活动场地、交通工具租金、文体活动优胜者奖励、必要的伙食补助费等方面的支出。文体活动奖励应以精神鼓励为主，物质激励为辅。奖励范围不得超过参与人数的2/3；不设置奖项的，可为参加人员发放少量纪念品。文体活动中开支的伙食补助费，不得超过单位差旅费规定的伙食补助标准和上级工会规定。

会员会费可以用于组织会员观看电影、文艺演出和体育比赛，开展春游、秋游，为会员购买当地公园年票。会费不足部分可以用工会经费弥补，弥补部分不得超过当年会费收入的3倍。组织会员春游、秋游应当日往返，可安排工作餐，购买景区或公园第一道大门票，支付集体租车费，不得到明令禁止的风景名胜区开展春游、秋游活动。

（3）宣传活动支出。开展重点工作、重大主题和重大节日宣传活动所需的材料消耗、场地租金、购买服务等方面的支出；培育、践行社会主义核心价值观，弘扬劳模精神、劳动精神、工匠精神等经常性宣传活动的支出；开展或参加上级工会举办的知识竞赛、宣讲、演讲比赛、展览等方面的支出。

（4）职工慰问支出。法定节日和会员生日、住院、婚丧嫁娶、到龄退休慰问等的支出。国家规定的法定节日，可向全体会员发放节日慰问品。节日慰问品原则上为符合中国传统节日习惯的用品和职工群众所必需的生活用品等，基层工会可结合实际采取便捷灵活的发放方式。工会会员生日慰问可以发放生日蛋糕等实物慰问品，也可以发放指定蛋糕店的蛋糕券。当工会会员结婚生育时，可以给予一定金额的慰问品。当工会会员生病住院、工会会员或其直系亲属去世时，可以给予一定金额的慰问金（会员直系亲属指的是会员本人的配偶、父母和子女）。工会会员退休离岗，可以发放一定金额的纪念品。

（5）符合上级工会规定的其他活动支出。

2. 维权支出

维权支出指工会维护职工权益的支出。

（1）劳动保护费。以促进安全健康生产、保护职工生命安全为宗旨，开展的“安康杯”竞赛、群众性安全生产和职业病防治、群监员队伍建设、职工心理健康维护等方面的支出。

（2）困难职工帮扶费。向困难职工提供资金和物质帮助等发生的支出。工会会员本人及家庭因大病、意外事故、子女就学等致困，可给予一定金额的困难救助。已经建立互助保障体系的，执行本单位或属地互助保障计划。

（3）送温暖费。开展春送健康、夏送清凉、金秋助学、冬送温暖等活动发生的支出。在高温、严寒和雾霾等极端天气情况下，为员工购买防暑降温、防寒保暖、防雾霾用品，以及食品饮料。

（4）符合上级工会规定的其他维权支出。

3. 业务支出

业务支出指工会加强自身建设、开展业务工作发生的各项支出。

（1）专项业务费。开展组织建设、建家活动、创新工作室等设施建设投入和创建活动的支出。包括工会开展劳动和技能竞赛、合理化建议、技术革新、发明创造、岗位练兵、技术比武、技术培训等的支出及其奖励支出；开办职工之家、服务站、职工书屋，创新工作室、心理减压室、争议调解室等阵地服务的支出；开展专题调研、女职工工作的支出；开展外事活动的支出。

（2）符合上级工会规定的其他业务支出。

4. 其他支出

其他支出指除上述支出以外的其他各项支出。

5. 标准掌握

因地方工会结合所在地区、行业和工作实际，多制定有具体基层工会经费收支管理办法，使得在项目工会经费各类支出中，具体项目的标准各地存在差异，在实践中根据上级工会及所在地规定，结合实际情况执行。

第九章　项目工会工作评价

一、评价要求

深入贯彻习近平总书记“要把工会组织建设成为广大职工群众信赖的‘职工之家’，把工会干部锤炼成为听党话、跟党走、职工群众信赖的‘娘家人’”的重要指示精神，全面强化项目工会活力建设，融入企业高质量发展大局，聚焦改革、聚焦项目，努力构筑企员命运共同体，推进项目工会工作升级，开展项目职工小家建设评价。

二、评价办法

（一）由三级单位工会制定项目工会评价细则（附件 2 仅供参考），根据全年工作开展情况，从职工服务、群众生产、素质提升、民主管理、自身建设、职工满意率等方面对项目工会工作进行考核评价。

（二）职工小家建设满意率测评为 80 分以上。项目综合得分大于等于 80 分为达标，低于 80 分为不达标，将得分排序在前的一定比例或数量的项目工会评定为当年年度项目模范职工小家。

职工小家建设满意率测评在 80 分以下的不能申报。对项目模范职工小家给予工会经费补助奖励，用于开展项目工会日常活动；对不达标的进行通报，由项目工会主席进行个别约谈。

附件 1

项目职工之家（小家）建设职工群众满意率测评表（参考）

测评主要内容	满意	基本满意	不满意
对本项目建家工作综合评价			
对项目工会建家工作的意见和建议			

注：

1. 请根据测评内容，在“满意”“基本满意”“不满意”3 列中选择一项打“√”；对工会工作意见及建议，有就填，没有填“无”。

2. 测评得分计算：满意 =90～100，基本满意 =80～90，不满意 =0～60，取平均数计算，测评得分 = 满意票数/总票数 ×95 + 基本满意票数/总票数 ×85 + 不满意票数/总票数 ×30；测评满意率 = 测评得分/100。

附件 2

上级工会对项目工会工作评价参考样表

考核项目	考核内容及评分标准	分值	减分	得分
职工服务（20 分）	1. 抓好政策落地，专、兼职工会干部熟悉并宣传惠工帮扶政策，无职工反映和投诉应属政策未落实情况	5 分		
	2. 强化帮扶预警，持续完善和动态管理职工亲情档案，内容完整规范，及时掌握职工家庭困难情况，建立常态化职工帮扶救助机制，落实工会委员一对一帮扶，将帮扶响应下沉到工会小组	3 分		
	3. 坚持应享尽享，用好属地职工医疗互助保障计划、“金秋助学”、大病救助及本单位职工专项救助等政策	4 分		
	4. 关注职工“医、食、住、假”，提升职工生活品质，做好项目工会阵地建设，服务设施齐全；开展好送温暖、送清凉活动；规范伙委会组织建设，保证职工休息休假；优化职工工作生活环境，关注职工身心健康	4 分		
	5. 依法做好女职工的“四期”保护工作，维护女职工合法权益和特殊利益；广泛开展“巾帼建功”“科技创新巾帼行动”和形式多样的女职工活动	2 分		
	6. 做好工会劳动保护工作，维护职工劳动安全和健康权益；按时发放职工生日和节日慰问福利	2 分		
群众生产（15 分）	1. 以“六比六创”劳动竞赛为统领，认真参与和开展各级劳动竞赛，策划和实施本项目专项劳动竞赛，竞赛活动有方案、有检查、有总结、有奖惩，竞赛效果明显	5 分		

续表

考核项目	考核内容及评分标准	分值	减分	得分
群众生产（15分）	2. 深入开展群众性技术创新活动，积极开展创新工作室创建工作，征集合理化建议和创新成果	4分		
	3. 弘扬“三种精神”，培养选树工匠、先模人物，发挥典型示范作用，引导职工干事创业，释放创新潜能	3分		
	4. 积极组织“安康杯”活动和平安项目、船舶、班组、机械创建活动；在安全生产监督检查、排查风险隐患中履行职责，督促企业落实安全生产主体责任	3分		
素质提升（15分）	1. 积极开展各类技术、技能培训活动，促进技术、技能人才培养	4分		
	2. 结合生产经营实际，开展具有自身特色的岗位练兵、技术比武活动	4分		
	3. 开展导师带徒活动，规范师徒选配、协议签订和考核验收	4分		
	4. 加强职工文化建设，开展小型多样、职工喜闻乐见的文化活动，每年不少于规定次数，积极配合、参与本单位和上级工会组织的区域性职工文体活动	3分		
民主管理（10分）	1. 按民主管理程序要求，组织职工、选举推荐职工代表参与民主管理，提高代表提案质量，共谋企业发展	2分		
	2. 落实基层工会参与职能，项目改革发展、与广大职工切身利益相关的事项，要及时履行民主程序，向广大职工公开、公示；常态化关注职工心声，听取职工群众的诉求、意见和建议有渠道、有措施	3分		

续表

考核项目	考核内容及评分标准	分值	减分	得分
民主管理（10分）	3. 保证工资按月发放，认真开展劳动争议预警和调解工作，掌握职工思想动态，发生劳动争议问题能够在基层依法妥善解决	5分		
自身建设（10分）	1. 工会委员会及时换届改选、增补和调整，工会委员责任分工明确，女职工人数达到要求的要设立女职工委员	3分		
	2. 结合内外宣传工作安排做好工会宣传，每年在内外媒体上发表工会相关消息、通讯或发表理论研讨文章不少于规定数量，完成工会信息报送指标	2分		
	3. 及时、足额上缴工会会费；文体设施、固定资产管理规范，经费使用合规合法，各项账目登记清楚，手续齐全，符合财务规定	5分		
职工满意率（30分）	每年测评项目职工对职工小家建设满意率（测评得分×0.3）	30分		
加分项目	1. 通过属地渠道获得市级以上工会系统或劳动竞赛等奖项，分别加0.5~2分	0~2分		
	2. 在市局级（含）以上职工文体活动或在技能比武中取得成绩的，分别加0.5~2分	0~2分		
	3. 开展有创新、有特色的活动并在市局范围内推广的，加0.5~1分	0.5~1分		
合计得分				

第二部分

项目工会工作指引（特殊业态版）

第一章
制造业车间（项目）工会工作指引

一、适用范围

本指引适用于制造业车间（项目）工会工作的管理与实施。

二、编制依据

本指引依据《中华人民共和国工会法》《中国工会章程》《中华人民共和国劳动法》及中交集团工会联合关于加强工会组织建设的有关规定，结合实际编制，旨在推动制造业车间（项目）工会工作规范化。

三、车间工会定位

车间工会经车间职工民主选举产生，受上级公司工会社团法人委托，在车间党支部和公司工会领导下开展工作，代表、维护车间职工合法权益。围绕生产经营团结动员职工立足岗位创新创造，促进生产发展，通过协调、沟通做好维权服务，切实帮助职工解决实际困难，建立和谐劳动关系，在推进企业高质量发展中推动实现共同富裕。

四、车间工会核心工作要求

（一）强化维护职能，做到维权和服务并重

坚持以职工为中心的工作导向，维权与服务相促进，实现好、维护好、发展好车间职工群众根本利益。着力维护职工群众劳动经济权益，完善工会劳动保护监督机制，加强安全生产和职业健康监督工作，推进职工服务阵地建设和职工健康服务，构建和谐劳动关系。

（二）强化参与职能，落实职工主人翁地位

健全和完善以职工（代表）大会为基本形式的车间民主管理制度，畅通职工群众民主参与渠道，保障职工群众的知情权、参与权、表达权、监督权，凝聚职工参与民主管理、民主监督。

（三）强化建设职能，激励职工建功立业、创新创造

激励广大职工辛勤劳动、诚实劳动、创造性劳动，推动高质量发展，深入开展劳动和技能竞赛，大力弘扬劳模精神、劳动精神、工匠精神，激发职工岗位创新创造动力。聚焦产业工人“塑魂、赋能、维权”三大工程，多措并举推动一体化管理，培养造就更多大国工匠、高技能人才。

（四）强化教育职能，筑牢团结奋斗共同思想基础

加强思想引领，结合实际开展理想信念、社会主义核心价值

观、“中国梦·劳动美”等系列教育和活动，加强职工文化阵地建设，开展丰富多彩、喜闻乐见的职工文体活动，不断满足广大职工精神文化需求。

五、车间工会组建

（一）车间工会组建流程

车间工会组建以召开会员大会或会员代表大会选举产生车间工会委员会为主要标志。参照《项目工会工作指引》（通用版）项目工会组建程序。补充参照内容如下：

1. 车间工会筹备组由 3 ~ 5 人组成。筹备组人员产生：建立党组织的车间由党组织研究决定；未建立党组织的车间由上级工会与职工和车间负责人协商产生。

2. 工会筹备组依法开展筹备工作。

（1）做好宣传发动工作。在经批准成立工会后，筹备组组织职工学习《工会法》《中国工会章程》等法律法规，向职工宣传工会的性质、任务，会员的权利和义务等。

（2）发展工会会员。其中，老会员重新登记造册，新入会的会员填写“入会申请表”并发放会员证。

（3）人数较多的车间按会员人数划分为工会分会、工会小组，指导分会和小组推选分会主席、工会小组组长。

（4）筹备召开会员（代表）大会。

①指导各分会、小组推选首届会员（代表）大会代表。会员不足 100 人的，召开会员大会；会员 100 人以上的，召开会员大会或会员代表大会。会员代表名额按会员人数确定：会员100 ~

200人的，设代表30～40人；会员201～1000人的，设代表40～60人；会员1001～5000人的，设代表60～90人。

②制定工会委员会委员、主席、副主席、经费审查委员会主任候选人条件、选举方案、选举办法，协商提名女职工委员会委员。

③推选工会主席、副主席、委员候选人。

④起草工会会员（代表）大会筹备工作报告。

⑤在实施选举前公示候选人，公示期不少于5个工作日，选举方案、选举办法、候选人报请车间党支部和上级公司工会审查同意，印制选票。

3. 召开会员（代表）大会差额选举工会委员会（差额率不低于5%），等额选举工会经费审查委员会，民主通过女职工委员会等。选举会议主要程序：

（1）作会议筹备工作报告（说明）。

（2）通过选举办法和监票人名单（采取举手方式表决）。

（3）宣读工会委员会及经费审查委员会候选人名单，介绍候选人简要情况。

（4）清点参会人数，分发选票，组织投票。

（5）清点统计选票，监票人向大会主持人报告发出选票数及收回选票数情况，主持人宣布选举是否有效。

（6）主持人宣布选举结果。

（7）当选的工会主席讲话。

（8）车间党组织负责人或行政负责人讲话。

4. 选举结果报请上级工会组织批复。

（二）车间工会主席产生

车间工会主席、副主席可以由车间会员大会或会员代表大会直接选举产生，也可以由车间工会委员会选举产生，均需报上级工会组织批复［参照《项目工会工作指引》（通用版）相关规定］。

（三）车间女职工组织建设

落实工会女职工工作相关规定，坚持女职工 10 人以上的车间女职工委员会与车间工会委员会同时建立，车间女职工委员会主任（副主任）与车间工会委员会同时报上级工会审批。女职工委员会委员任期内需要调整的，由车间女职工委员会提出相应的替补、增补人选，经车间工会委员会审议通过后报上级工会女职工委员会备案。

六、职工民主管理与民主监督

车间推进民主管理与民主监督工作参照执行《项目工会工作指引》（通用版）相关内容，车间职工人数超过 100 人的，可以召开职工大会，也可召开职工代表大会（以下简称“职代会”）。

车间召开职工代表大会执行上级工会及所在单位职工代表大会相关制度规定，职代会闭会期间按照规定应提交职代会审议，由于客观原因不能召开职代会的，可通过职代会联席会议履行民主程序，联席会议形成的意见、决议或决定，向下次职代会报告，并向全体职工公布。

车间可结合实际通过设置厂务公开栏、党政工联席会、职工座谈会、领导接待日等形式，组织职工参与民主管理、民主监督，切实保障广大职工的知情权、表达权、参与权和监督权。

七、劳动竞赛等群众性经济创新工作

（一）劳动竞赛工作

参照执行《项目工会工作指引》（通用版）劳动竞赛工作相关内容。

劳动竞赛委员会（领导小组）由车间（项目）党、政、工负责人组成。竞赛办公室设在工会。竞赛日常工作主要由工会、生产管理部、人力资源部共同负责。要注重以高质量劳动竞赛助力重点任务落实，持续强化过程管控，及时纠偏，同时做好竞赛总结评比，发挥竞赛激励作用，深化竞赛活动的引领力和实效性。

（二）合理化建议，技术革新、“五小”创新工作

1. 组织申报

制定职工合理化建议，技术革新、“五小”创新文件，规定申报条件，鼓励职工参与创新，积极申报成果。

2. 组织评审

（1）成立评审工作小组并接受分公司评审委员会监督、指导。

（2）评审流程：职工申报—评审工作小组收集申报材料—初步审核通过—运营效益评估—技术专家组评估—制造业车间（项目）领导审批。

3. 推广应用

（1）根据评审结果及适用范畴予以推广应用，总结应用效果。

（2）推荐申报外部的各项职工创新成果。

（三）劳模（工匠人才）创新工作室创建

1. 创建基础

（1）有创新带头人。劳模（工匠人才）创新工作室领衔人必须有公司或公司上级单位授予的劳动模范、工匠称号，技师创新工作室领衔人必须有技师或高级技师身份，巾帼创新工作室领衔人必须为女职工，团队中女职工人数占 50% 以上。

（2）有创新团队。具有 3 人及以上相关成员组成的团队（班组、科室或研发团队等），团队专业技术结构、学历结构、年龄结构相对合理，协作氛围浓厚，创新能力较强。

（3）有攻关项目及工作计划。本年度至少有一个未结项的攻关项目或创新课题，同时有年度工作计划。

（4）有创新成果。团队拥有群众性技术创新成果，即在群众性科技创新活动中产生，具有“短、平、快、小、灵”等特点和一定先进性、实用性，并在生产实践中推广、应用（包括生产起步阶段）的技术创新优秀项目。

（5）有场所和制度。团队具有开展科技创新活动的场所（一般不少于 15 平方米）、设备设施，以及工作经费、完善的团队管理制度和计划。

2. 管理评审要求

（1）创新工作室执行所在单位相应的管理办法，不断提高学习交流、技术攻关、成果转化、人才培养的制度化、规范化水平。

（2）创新工作室要建立管理台账，包括创建活动台账、创新成果台账、成员发展台账等。

（3）创新工作室要建立验证、奖励制度，对工作进行定期的自检。

（4）加强经费管理，制定创新工作室日常活动经费预算。

八、职工劳动安全监督与权益维护

（一）劳动安全监督

抓紧抓实劳动保护监督工作，建立健全工会劳动保护监督检查组织网络，引导职工“要安全”、带动职工“管安全”、实现全员“会安全”。

1. 开展安全生产宣传教育、隐患排查治理、安全生产合理化建议、安全文化建设等活动，提高职工的安全意识和自我保护能力，减少生产安全事故的发生。

2. 参与制造业车间（项目）安全生产规划和计划的制定，确保安全生产措施得到有效落实。

3. 加强安全生产、劳动保护监督检查，对制造业车间（项目）的安全生产状况进行监督，发现问题及时向制造业车间（项目）提出整改建议，督促其及时采取措施消除安全隐患。

4. 对制造业车间（项目）的劳动安全协议进行审查，确保协议内容符合法律法规和制造业车间（项目）的实际情况。

5. 参与制造业车间（项目）劳动安全培训工作，协助制造业车间（项目）制订培训计划，确保职工掌握必要的安全生产知识和技能。

6. 参与车间（项目）安全生产状况评估工作，就发现的安全生产问题及时提出意见、建议并督促其整改。

7. 参与企业安全生产标准化建设，协助企业建立安全生产责任制度，参与企业安全生产应急预案的制订和演练，确保应急预案的实战可行性。

（二）女职工特殊权益维护监督

参照执行《项目工会工作指引》（通用版）女职工权益维护监督相关内容。

九、职工宣教与素质提升

坚持引领职工听党话、跟党走，把职工思想政治教育、素质提升等渗透和贯穿工会工作全过程。

（一）开展理想信念教育

坚持以习近平新时代中国特色社会主义思想为指导，培育和践行社会主义核心价值观，推动党的二十大精神进车间、进班组；用党的创新理论武装职工，用中国特色社会主义共同理想凝聚职工，用以爱国主义为核心的民族精神和以改革创新为核心的时代精神鼓舞职工。

（二）做好日常职工思想政治工作

了解掌握职工思想情况和意见要求，调研分析职工思想动态，找出问题症结所在，及时向各级工会和党政有关部门报告，反映职工呼声，加强职工心理疏导，帮助解决职工群众最关心、最直接、最现实的利益问题，做好强信心、聚民心、暖人心、筑同心工作，维护职工队伍的稳定。

（三）开展形式多样的主题教育活动

围绕企业中心工作，聚焦工会工作全局，开展主题教育活动，在实践中深化职工对主题的认知和理解，打造健康文明、昂扬向上、全员参与的职工文化。

（四）组织开展“创建学习型组织，争做知识型职工”活动

开展各类职工培训，整合各类教育资源，组织职工学习文化、科学和业务知识，搭建技术比武、技能培训、岗位练兵、导师带徒平台，激发、调动职工获取知识、更新知识的积极性，促进职工技能登高、岗位成才。

十、车间职工文体活动

车间工会根据生产实际和职工需求，制订文体活动计划，不定期开展各种形式的文体活动，包括但不限于文化活动、体育运动、文艺表演、社交活动等。应当设立相应的活动经费，确保活动实施的安全、卫生等基本条件；根据职工意见、建议及时调整和改进活动组织实施方案，彰显群众性及“工”字特色。

文体活动组织者可以是工会、职工兴趣协会，也可以委托专业的活动策划机构。所有职工均有权参与工会组织的文体活动并

需遵守相关规定。文体活动的奖励以精神奖励为主，物质奖励为辅。车间工会可以建立文体活动积分制度，鼓励职工参与活动；针对违反活动规则的，工会有权采取相应的惩罚措施，取消其参与文体活动的资格。

十一、职工福利与慰问

车间职工福利分为经济性福利和非经济性福利两部分。

（一）经济性福利

1. 社会保险福利

每月为员工按一定的基数和比例缴纳基本养老保险、医疗保险、失业保险、生育保险、工伤保险，推进实施大病补充医疗保险、职工医疗互助、企业年金等。

2. 住房福利

每月按一定比例为职工缴纳住房公积金。员工可在购房、装修时进行公积金提现，或在购房贷款时进行公积金置换，或在退休后进行一次性提现。

3. 带薪休假福利

根据国家有关政策及公司相关规定执行。

4. 其他经济性福利

根据国家有关政策及公司相关规定执行。

（二）非经济性福利

1. 为员工提供教育培训、岗位晋升的机会。

2. 为员工提供良好、安全的办公场所及作业环境。

3. 为员工营造良好的企业文化氛围。

4. 完善奖励、激励制度，给予各类有贡献员工荣誉称号等。

（三）保健津贴

根据国家有关政策及公司相关规定执行。

（四）交通补贴

根据国家有关政策及公司相关规定执行。

十二、产业工人队伍一体化管理（可用思路和模式）

参照执行《项目工会工作指引》（通用版）产业工人队伍一体化管理工作相关内容。

十三、车间工会会员会费收缴规定

参照执行《项目工会工作指引》（通用版）会费收缴规定相关内容。

十四、车间工会经费使用规定

车间工会经费的使用标准主要根据工会组织实际和经费收入状况来确定。

（一）参照执行《项目工会工作指引》（通用版）工会经费使用规定相关内容。遵循以下原则：

1. 遵纪守法原则

严格执行国家财经政策、规定和开支范围、标准，认真执行工会财务制度，遵守财务纪律。

2. 预算管理原则

一切费用均应纳入预算，并按上级工会要求认真编报和执行。

3. 勤俭节约原则

少花钱、多办事、办好事，节约开支，依靠职工用好经费，提高经费使用效益。

4. 民主管理原则

定期公布账目，接受会员监督和经费审查委员会审查。

（二）开支范围补充参照内容如下：

1. 宣传活动支出

包括工会组织日常的学习、劳动竞赛，举办各种报告会、展览会、讲座和其他技术交流的宣传费用，以及各种宣传工具的购置、维修和集体订阅的报纸杂志等支出。

2. 文艺活动支出

包括工会开展业余文艺活动所需的设备购置费和维修费，举办联欢会、艺术展览等文艺活动的经费，还包括工人文化宫、工人俱乐部、工人图书馆的设备购置、维修和日常经费。

3. 体育活动支出

包括工会举办各种体育活动所需的设备购置费、维修费、经费、运动用品和服装费。

4. 工会干部训练费

用于培训工会专职人员的费用。

5. 工会行政费支出

包括工会专职人员的办公费、差旅费等费用。

6. 补助支出

包括工会会员的困难补助和职工集体福利事业的补助费用。

7. 其他支出

工会因从事建设工程、设备工具购置、大型修缮和信息网络购建而发生的支出等。

十五、车间工会工作评价

（一）车间工会按照职工意愿和要求开展建家活动，把职工是否满意作为衡量建家活动成效的主要标准

车间工会建家目标突出车间工会履行维护职工合法权益的基本职责，充分发挥组织、引导、服务职工作用，协调劳动关系，建设和谐企业，推进工会组织群众化、民主化、法治化、规范化及精细化建设，把工会建成组织健全、维权到位、工作活跃、作用明显、职工信赖的职工小家。

（二）上级工会每年对车间工会建家工作进行考核评比，以《车间职工小家评估分值参考表》为考核标准

车间工会在总结自查的基础上向上级工会申报，上级工会按照考核标准进行验收。考核评分 80～90 分评定为“合格职工小家”，考核评分 90 分及以上评定为“先进职工小家”。考评程序：经车间工会委员会研究，同级党政组织同意，车间工会会员（代表）大会对建家活动进行民主评议，无记名表决通过后，向上级申报。“合格职工小家”“先进职工小家”会员（代表）大会民主测评满意率应当分别达到80%～90%、90%及以上。会员不满意、考核不合格的，上级工会需明确改正内容和要求，限期整改。

申报“合格职工小家”“先进职工小家”应当提供自我考评打分情况说明及深化建家工作总结各一份，建家工作总结不少于 2000 字。

“合格职工小家”“先进职工小家”的验收方法是听取建家工作汇报，逐项对标检查，召开会员座谈会听取意见，进行评议，查阅台账资料，确认是否符合标准。

验收通过获得“合格职工小家”“先进职工小家”称号的，统一悬挂荣誉牌匾，荣誉牌匾由考核验收工会授予。

附表1

车间职工小家评估分值参考表

建家目标	评估内容	分值（100分）
一、组织体系健全	1. 工会组织健全，职工入会率达90%以上（5分） 2. 建立健全的会员（代表）大会制度，并按时召开（5分） 3. 建立健全的民主选举制度，按民主程序选举工会负责人（5分） 4. 建立健全的会务公开制度，全面、规范地将工会工作开展情况、工会会费收缴情况等向职工群众公开（5分） 5. 有创建职工小家工作方案、计划和措施（5分）	25分
二、维权机制完善	1. 职工劳动合同签订率不低于90%（5分） 2. 成立民主管理小组，定期组织职工听取工作报告，讨论和参与制定工作计划及规章制度（5分） 3. 建立厂务公开制度，设立厂务公开栏，对生产、分配、福利、奖惩等涉及职工切身利益的有关内容通过多种形式进行公开（10分） 4. 近两年内，未发生劳动关系群体性事件（3分） 5. 建立完善的困难职工档案，开展困难职工慰问补助（2分）	25分

续表

建家目标	评估内容	分值（100 分）
三、作用发挥明显	1. 加强职工思想政治引领，以先进职工文化感染职工，大力弘扬新时代工人阶级伟大品格和劳模精神、劳动精神、工匠精神（5 分） 2. 积极开展、参加立功竞赛、技能竞赛、合理化建议、技术创新、发明创造等群众性创新、创效活动，参与率达 80% 以上（5 分） 3. 开展导师带徒、岗位练兵和技能比武等活动，职工业务、技术素质明显提高（5 分） 4. 积极开展群众性安全生产活动，组织参加“安康杯”竞赛（5 分） 5. 经济效益显著，圆满完成年度生产任务（7 分） 6. 定期开展职工文化体育活动（3 分）	30 分
四、自身建设规范	1. 有办公场所、设施，有工会宣传阵地和载体(3 分） 2. 工会活动台账、工会会员档案等资料健全（3 分） 3. 工会干部作风民主，注重听取职工意见、建议，职工意愿和诉求表达渠道畅通（3 分） 4. 工会工作年有计划、月有安排，职工踊跃参加工会组织的各项活动，积极参与“建家、爱家、管家、评家”活动，热情高、氛围好（3 分） 5. 以会员大会或会员代表大会的形式每年开展 1 次以上会员评家活动，会员对工会工作和工会领导满意率达 90% 以上（3 分）	15 分
五、品牌工作有特色	除规定工作外，能积极开展符合自身实际的、符合车间自身特点的特色工会工作，并且在工会系统内有一定影响力（5 分）	5 分

附表 2

车间职工小家建设满意率测评表

测评主要内容	满意	基本满意	不满意
对车间建家工作的综合评价			
对车间工会建家工作的意见及建议			

注：

1. 请根据测评内容，在“满意”“基本满意”“不满意”3 列中选择一项打“√”；对工会工作的意见及建议，如有就填，没有也可不填。

2. 满意率计算方法：满意 =90～100，基本满意 =80～90，不满意 =0～60，取平均数计算，满意率 =（满意票数/总票数 ×95 + 基本满意票数/总票数 ×85 + 不满意票数/总票数 ×30）/100。

附表 3

车间工会主席满意率测评表

工会主席姓名：

测评的主要内容	满意	基本满意	不满意
对本年度工作的综合评价			
对被测评工会主席本人的其他意见及对今后工作的建议			

注：

1. 请根据测评内容，在“满意”“基本满意”“不满意”3 列中选择一项打“√”，多选无效；对被测评人的意见及建议，如有就填，没有也可不填。

2. 满意率计算方法：满意 =90～100，基本满意 =80～90，不满意 =0～60，取平均数计算，满意率 =（满意票数/总票数 ×95 + 基本满意票数/总票数 ×85 + 不满意票数/总票数 ×30）/100。

附表 4

会员评家结果报告表

工会组织：

<table>
<tr><td>会议时间</td><td colspan="4"></td></tr>
<tr><td>会员（代表）总数</td><td></td><td>参会人数</td><td colspan="2"></td></tr>
<tr><td colspan="5">会员评家测评情况</td></tr>
<tr><td>发出测评表数量</td><td></td><td>收回测评表数量</td><td colspan="2"></td></tr>
<tr><td>有效票数量</td><td></td><td>无效票数量</td><td colspan="2"></td></tr>
<tr><td>满意票数</td><td>基本满意票数</td><td>不满意票数</td><td colspan="2">评价等次</td></tr>
<tr><td></td><td></td><td></td><td colspan="2"></td></tr>
<tr><td colspan="5">车间工会主席测评情况</td></tr>
<tr><td>发出测评表数量</td><td></td><td>收回测评表数量</td><td colspan="2"></td></tr>
<tr><td>有效票数量</td><td></td><td>无效票数量</td><td colspan="2"></td></tr>
<tr><td>姓名</td><td>满意票数</td><td>基本满意票数</td><td>不满意票数</td><td>评价等次</td></tr>
<tr><td></td><td></td><td></td><td></td><td></td></tr>
<tr><td></td><td></td><td></td><td></td><td></td></tr>
</table>

监票员签名：　　　　　　　　计票员签名：

第二章　船舶工会工作指引

一、适用范围

本指引适用于中交集团所属船舶。

二、编制依据

本指引依据中交天航局、中交上航局、中交广航局的现行工会管理制度编制。

三、船舶工会定位

船舶工会是基层工会的重要部分，是船舶工会会员和船员合法权益的代表者和维护者。船舶工会接受船舶党支部和上级工会的领导，根据船舶特点和船员意愿，积极主动、独立自主地开展工作，密切联系船员，关心船员生活，热忱为船员服务，努力建设成为“组织健全、维权到位、工作活跃、职工信赖”的船舶职工小家。

四、船舶工会核心工作要求

（一）发挥四项职能，维护职工权益。

（二）强化班组建设，着力竞赛攻关。

（三）促进安全和谐，文体激发活力。

（四）争创“工人先锋（号）”“职工小家”。

五、船舶工会组建

（一）船舶工会组建流程

船舶工会委员会不作为一级独立法人工会，由所隶属的上级工会负责管理。组建船舶工会委员会，应履行以下流程：

1. 成立船舶工会筹备组

（1）在组建船舶工会前，应向所隶属的上一级具有独立法人资格的基层工会提交成立船舶工会筹备组报告。已经建立党组织的船舶，由党组织提出工会筹备组人选，并报上一级工会批准；未建立党组织的船舶，由职工推荐筹备组人选，或由上一级工会与职工共同协商，经上一级工会批准后，正式成立筹备组。

（2）船舶工会筹备组一般 3 ~ 5 人，筹备组成员应与首届工会委员会成员相衔接。

（3）由工会筹备组提出建会申请，报上一级工会批准同意后，开始船舶工会组建筹备工作。

2. 讨论产生工会委员会委员和工会主席候选人

（1）船舶工会委员会委员候选人应经会员充分讨论，由工会筹备组根据多数会员意见提出建议名单，报经同级党组织和上一级工会审查同意后，提交会员大会表决通过。船舶工会委员会一般设委员 3 ~7 人，选举委员差额率不低于5%。

（2）船舶工会主席可由船舶党组织负责人兼任；根据实际情况，也可由船舶其他人员担任。工会主席候选人由工会筹备组提出建议名单，报船舶党组织和上一级工会批准。

3. 筹备召开船舶会员大会

在船舶工会筹备组组织召开会员大会实施选举前，应制定选举工作方案和选举办法，向同级党组织和上一级工会报批。

4. 召开船舶会员大会进行民主选举

参加选举的人数为应到会人数的2/3，工会委员会委员候选人获得全体会员半数以上的选票，始得当选。船舶工会主席由会员大会直接选举产生。

5. 选举结果报告

（1）在船舶召开会员大会后，选举结果报同级党组织和上一级工会审批，上一级工会接到报告 15 日内予以批复，批复后，船舶工会委员会成立。

（2）任期自选举之日起计算，一般为 3 年或者 5 年。

（二）船舶工会主席

1. 基本条件

一是政治立场坚定，热爱工会工作。

二是具有与履行职责相应的文化程度、法律法规和生产经营管理知识。

三是作风民主，密切联系群众，热心为会员和职工服务。

四是有较强的协调劳动关系和组织能力。

2. 调整补选

（1）在船舶工会主席任期未满时，不得随意调动其工作。因工作需要调动时，应征得本级工会委员会和上一级工会同意。

（2）在船舶工会主席因工作调动或其他原因空缺时，应及时按照相应的民主程序进行补选。

在补选主席时，如候选人是委员，可以由船舶工会委员会选举产生，也可以由船舶会员大会选举产生；如候选人不是委员，可以经会员大会补选为委员后，由工会委员会选举产生，也可以由会员大会直接选举产生。

补选主席的任期为本届工会主席尚未履行的期限。

补选主席前应征得同级党组织和上一级工会同意，可暂由一名委员主持工作，期限一般不超过半年。

六、民主管理与民主监督

（一）依法行使民主管理、民主监督的权利

船员依法享有知情权、参与权、表达权和监督权。船舶工会经相应的程序推荐产生参加公司职工代表大会的职工代表，并推动代表履职，积极、客观、真实地撰写提案，参与企业治理。组织召开船舶（船员）大会，发挥工会组织优势，宣贯公司职工代表大会会议精神。听取职工对公司生产经营等方面的意见和建议，以及涉及职工切身利益的意见和要求，按法定范围和程序行

使职权，推进、保障职工依法参加船舶民主管理、民主监督。

（二）参与民主管理形式、途径及渠道

坚持以职工代表大会为基本形式的民主管理制度，通过参加公司职代会、企务公开会、工会全委会暨职代会联席会议、集体合同协商会议，以及座谈会、提案征集、调研调查等形式，引导职工共同参与民主管理。

设置船务公开栏，主要包括制度公开、奖金分配公开、奖励和处罚公开、考勤公开、评先评优公开、伙食公开、补助公开等方面，公开时间不少于1周，确保职工行使民主监督。

七、劳动竞赛等群众性经济创新工作

（一）劳动竞赛工作

劳动竞赛是船舶工会组织为了提高船员的工作热情、技能水平和生产效率，通过竞赛形式激发船员积极性的一种活动。

1. 机构组成

（1）竞赛工作小组。可由船长担任组长，负责竞赛的整体策划和实施，邀请船舶主要领导担任指导专家。

（2）评审小组。可由船舶工会委员、船舶主要领导和职工代表组成，负责竞赛的评审工作。

（3）宣传小组。负责竞赛的宣传动员，包括制作宣传材料、发布竞赛信息等。

2. 竞赛内容

（1）技能竞赛。针对船舶的不同工种开展的技能比赛，如船

船驾驶、船舶轮机、船舶水手、船舶机工、厨艺、理论知识等。

（2）班组竞赛。通过在工作过程中开展班组和班组之间的竞赛，展现团队协作配合的综合能力。

3. 实施步骤

（1）筹备阶段。确定竞赛主题、目标和形式。设计竞赛规则和评审标准、奖励机制并组建竞赛组织机构。

（2）动员阶段。通过各种渠道宣传竞赛的意义和规则，动员船员积极参与。

（3）实施阶段。组织竞赛活动，确保规则的执行，提供必要的技术支持和指导。

（4）评审阶段。根据评审标准对竞赛结果进行评分，确保评审过程的公正性和透明性。

（5）奖励阶段。根据评审结果，对优胜者进行奖励，举行颁奖仪式，表彰优秀个人和团队。

（二）合理化建议、技术革新工作

船舶工会在推动合理化建议与技术革新方面扮演着重要角色，通过建立有效的运行管理机制，激发船员的创新精神和参与热情，促进技术进步及生产效率提升。

1. 组织上报

定期开展小改小革、隐患查找、合理化建议、“五小”创新等群众性创新创造活动，鼓励上报关于提高船舶性能、降低维护成本等方面的合理化建议。

对船舶职工集体或个人提出的合理化建议、技术改进项目，由所属单位在实施前审批。凡被采用的合理化建议和技术改进、技术创新项目，实施满 3 个月，并取得较好成效的，方可申请奖励。

明确上报流程，制定清晰的上报流程和格式要求，确保建议的规范性和完整性。利用内部网络或移动应用建立在线上报系统，提高上报效率。

2. 运行机制

（1）建立机制。从申请奖励的成果的进步水平、解决问题的重要性和可推广应用范围 3 个方面评分决定奖励等级，激发员工的创新热情。

（2）成果推广。积极推广运用，将优秀建议和实施经验在企业内部进行分享，促进知识传播和技术交流，将成果转化应用到船舶施工生产活动中。

（三）劳模（船舶工匠）创新工作室创建

1. 创建基础

（1）目标意义。劳模（船舶工匠）创新工作室的创建要符合国家产业工人队伍建设改革的要求，弘扬劳模精神、劳动精神、工匠精神，推动船舶行业的技术创新和产业升级。

（2）组织架构。需要有明确的组织架构，包括领衔人（一般为省部级以上劳模、全国五一劳动奖章获得者或有精湛技艺的船舶工匠）和团队成员，应具备技术、业务、创新和管理能力。

（3）场所设施。应有固定的活动场所和基本的设备设施，以支持日常的创新活动。

（4）管理制度。建立完善的管理制度，定期上报创新工作室在船舶技术革新、新工艺开发等方面的成果，确保其持续创新的能力。

（5）技术攻关。明确技术攻关课题和创新目标，并围绕企业或船舶的重点、难点问题开展工作。

2. 管理评审要求

（1）命名管理。按照规定的程序进行命名，包括申请、考核、推荐和公示等步骤。

（2）定期评审。公司定期对创新工作室的工作进行评审，确保其活动规范有序，创新成果显著。

（3）动态管理。实施动态管理，对不符合要求的工作室进行整改或摘牌处理。

（4）资金保障。确保创新工作室有足够的经费支持，包括日常活动经费和科研创新经费。

（5）成果推广。积极推广运用，将成果转化应用到船舶施工生产活动中。

3. 其他重要方面

创新工作室应成为船舶人才培养的基地，通过技术培训、实操演练等形式，提升船员的实际操作能力和创新思维。

八、劳动安全监督与权益维护

船舶工会作为职工权益的代表和维护者，在劳动安全监督与权益维护方面扮演着重要角色。

（一）工作内容

1. 劳动安全教育与培训。定期组织职工进行劳动安全知识教育和技能培训，包括船舶操作安全、海上求生技能、船舶消防知识等，通过模拟演练和实操培训，提高职工的安全意识和自我保护能力。

2. 安全监督检查。定期参与船舶安全自查，包括船舶设备、操作规程、劳动保护等，发现隐患及时提出，并监督整改措施的落实。

3. 事故调查与处理。参与工伤事故的调查分析，协助处理事故后续事宜，维护受伤职工的合法权益。

（二）劳动安全监督、维护内容、保障形式

1. 劳动保护设施监督。监督企业为船舶配置专用的劳动保护设施，如救生设备、防护装置、个人防护装备等，并确保设备的定期检查和维护。

2. 劳动争议调解。在船舶职工与企业之间发生劳动争议时，工会应积极介入，通过协商、调解等方式，公正合理地解决争议。

3. 法律法规宣传。普及劳动法律法规知识，让职工了解自己的权益，以及如何通过法律途径维护合法权益。

4. 意见收集与反馈。建立职工意见收集和反馈机制，及时了解职工在劳动安全和健康方面的需求与建议，并及时上报。

九、船员宣教与素质提升

（一）船员宣教工作

1. 贯彻党和国家的方针政策及上级有关会议和文件精神，提高船员的政治思想与理论水平。

2. 报道船舶工会开展的各类文体活动、工作动态及工作经验、特色、亮点，促进工作交流，扩大工会工作影响力。

3. 宣传船舶劳动模范、先进工作者的典型事迹，充分展示劳动者昂扬奋进的精神风貌和时代风采，引导广大船员建功新时代、彰显新作为。

4. 关注船员思想动态，倾听船员呼声、愿望和诉求，收集船舶在改革发展中遇到的问题及合理化意见和建议，稳定工作中存在的某些倾向性、苗头性等因素，为企业科学决策服务。

5. 主动收集素材，深入生产一线获取第一手资料，组织开展工运理论研究和工作调研，促进工会工作高质量发展。

6. 充分利用各级宣传渠道及时发布船舶相关的动态内容。发布前，将内容报上级工会审核。

7. 高度重视宣教工作，把宣教工作列入工会工作的议事日程。船舶工会主席要牵头做好对宣传、学习内容的把关审核，并督促相关人员开展工作。

（二）船舶岗位练兵

船舶岗位练兵是以日常生产为基础课堂，建立系统性的水手、机工等船员训练培养计划，锤炼船员基本功，提高船员操作技术水平。

1. 结合船舶生产实际制订年度练兵计划并报上级备案。

2. 按照船舶各岗位职责要求差异化制定练兵内容，包含参与人员、指导老师、完成标准等。

3. 新船员到岗签订师徒协议，指派相应岗位表现优异的职工担任师傅，以老带新，做好传帮带工作。

4. 建立船员岗位练兵档案，记录船员练兵内容及表现情况，作为船舶岗位变动调整的依据。

十、船舶职工文体活动

（一）主要职责

1. 负责职工文体活动的组织策划，有计划地组织文体活动，参加上级单位开展的各项文体活动。

2. 抓好文体骨干的培训，建立一支精干的文体骨干队伍。

3. 支持、鼓励、指导工会小组开展健康有益的文体活动，尽可能地为他们创造条件。

4. 加强调查研究，倾听职工对文体活动的意见和要求，不断调整、充实、丰富文体活动的形式和内容。

5. 开展文体活动要坚持群众性，加强计划性，不断规范文体活动的运作模式，建立完善的文体活动项目库，使文体活动项目及其组织形式、工作流程等基本固化，不断推进文体活动组织水平的提高。

（二）活动开展

文体活动主要在元旦、春节、“五一”、端午、国庆、中秋等重大节假日前后举办。分为比赛类活动、非比赛类活动。

其中比赛类活动主要有以下两种。

1. 集体赛事

以各工会小组为单位组队参赛；工会小组职工在 5 人以上组一支队伍，工会小组职工在 10 人以上可组两支队伍。

2. 个人赛事

（1）由各工会小组推荐人选参赛。

（2）职工自由报名参赛。

（3）非比赛类活动会员自由参加。

十一、职工福利与慰问

（一）节日类项目

遵从所在单位规定标准向船舶会员发放节日慰问品，开展节日慰问。节日慰问品原则上为符合中国传统节日习惯的用品和职工群众所必需的生活用品等。

（二）慰问类项目

针对会员生日、会员生病住院、会员婚丧嫁娶、会员退休等情况进行慰问。

1. 工会会员生日慰问可以发放生日蛋糕等实物慰问品，也可以发放蛋糕券，人均标准不超过 400 元。

2. 工会会员符合法律政策的结婚、生育，公司工会可以给予一定金额的慰问品或慰问金，人均标准不超过 1000 元。工会会员分别凭结婚证、子女出生证复印件，于当年到公司工会领取慰问品或慰问金。

3. 工会会员生病住院的探望和慰问，依据所在单位工会有关规定执行。

4. 在职工会会员身故，由公司工会给予其家属一次性慰问金 3000 元。在领取慰问金时，需提供身故人员身份证、死亡证或火化证及领取慰问金的家属身份证明材料的复印件。

5. 在职工会会员直系亲属（直系亲属指配偶、父母和子女）去世，且没有办理亲属供养关系认证的，由会员本人在其亲属死亡一年内带其亲属的死亡证或火化证、与死亡亲属的关系证明及会员本人身份证复印件，到公司工会领取一次性慰问金 1000 元。

6. 工会会员退休（以人力资源部调动通知书为依据），公司工会可组织召开欢送座谈会，适当购买一些干鲜水果等食品，并可为本人送上一份价值不超过 1000 元的纪念品。

十二、产业工人队伍一体化管理

（一）劳务派遣制员工一体化管理

1. 界定劳务派遣制员工入会会籍管理关系

推动劳务派遣制员工加入派遣单位工会，由用工单位工会与派遣单位工会按照“委托代管、双向管理、共同维护”的原则签订《劳务派遣制员工工会会员代管协议》，协议生效后用工单位工会对劳务派遣制员工会员实施代管，即与自有职工实施一体化管理。

2. 规范劳务派遣制员工入会经费来源

劳务派遣制员工入会涉及的工会经费来源主要通过以下两个渠道解决：

（1）工会会费收取。工会会员缴纳会费是会员应尽的义务，同时也是会员在工会组织内部享受权利的物质基础，对劳务派遣制员工每月按本人工资收入的5‰收缴。

（2）会员福利来源。劳务派遣制员工的福利由用人单位行政按照本单位工会会员同等福利的费用拨付，用于为劳务派遣制员工提供生日蛋糕、日常活动、高温慰问、逢年过节慰问等会员福利。

3. 明确劳务派遣制员工会员组织权利

劳务派遣制员工会员在用人单位工会，享受与正式职工会员同等的权利和义务。

（1）劳务派遣制员工会员享受与正式职工会员同等的福利待遇。

（2）劳务派遣制员工会员可以参加基层项目工会组织的各类活动（包括文体活动、培训教育、志愿活动等）。

（3）可作为正式、列席代表参加公司职工大会、会员大会，履行民主管理职能。

（4）可加入项目工会劳动保护监督检查小组，参与工会劳动保护活动。

（5）参与用工单位组织的职工创新创效、合理化建议活动等。

（6）劳务派遣制员工会员需按期足额缴纳工会会费。

（7）劳务派遣制员工需严格遵守项目各项规章制度。

4. 统一劳务派遣制员工应享受的工会福利待遇

用工单位为本单位劳务派遣制员工发放工会福利待遇，等同正式员工的福利待遇，做到费用单列、专款专用。

（二）协作分包队伍作业工人一体化管理

协作分包队伍作业工人可参与“安全积分超市”管理项目。通过积极参加安全培训、上报安全事故隐患、提出安全管理建议等获取相应的积分，用获取到的积分到积分超市兑换相应的物品，以此激发作业工人参与项目安全管理的积极性，增强作业工人的归属感、幸福感，实现项目对作业工人的一体化管理。

十三、船舶工会会员会费收缴规定

工会会员按本人工资收入的5‰向所在工会缴纳会费，每月在工资卡中代扣代缴。

十四、船舶工会工作评价

（一）将船舶工会工作作为船舶支部党建考核的一部分，每年对船舶工会工作进行检查考核。

（二）每年进行船舶“职工小家”满意度测评。

第三章
设计院（分院、项目组）工会工作指引

一、适用范围

设计院（分院、项目组）工会工作指引（以下简称“指引”）适用于中交集团设计咨询板块所辖三级单位、子公司工会组织及二级单位直属长周期、重大重点项目工会小组（以下简称“分院工会”或“项目工会”），其余类型分支机构和短期项目归属三级单位、子公司管理。

二、编制依据

主要依据《中华人民共和国工会法》《中国工会章程》《中华人民共和国安全生产法》《中华人民共和国劳动法》《中华人民共和国妇女权益保障法》《女职工劳动保护特别规定》《工会劳动法律监督办法》《企业民主管理规定》《基层工会经费收支管理办法》及中交集团工会联合会、设计板块单位工会相关工作制度。

三、设计院（分院、项目组）工会定位

分院工会经工会会员大会或会员代表大会民主推荐、选举产生，自主开展工作；项目工会经项目工会会员大会民主推荐、选举，受二级单位工会委托开展工作，履行“维护职工合法权益，竭诚服务职工群众”的基本职责。

四、设计院（分院、项目组）工会核心工作要求

分院工会要坚持以职工为本的工作原则，忠诚履行维护职责，做好“维护核心、服务中心、凝聚人心”工作，提升工会组织引领力、组织力、服务力，坚定维护劳动领域政治安全，力促服务大局见行见效，服务职工可感可知，争创模范职工之家，争做职工信赖的“娘家人”。项目工会要充分发挥四项职能、参与民主管理、强化班组建设、着力竞赛攻关、促进安全和谐、文体激发活力，争创工人先锋（号）、高质量项目，扎实推进职工之家建设。

五、设计院（分院、项目组）工会组建

（一）设计院（分院、项目组）工会组建流程

分院及项目工会组建通常可分为组建筹备、组织选举、上报审批 3 个工作阶段。

1. 组建筹备阶段。分院及项目工会会员在 25 人以上的，建立工会委员会；不足 25 人的，可以单独建立工会委员会，也可

以由两个以上单位的会员联合建立工会委员会。

筹备应遵守国家有关政策法规，尊重广大职工群众要求和组建工会的愿望，经同级党组织同意后，报上级单位工会批复，筹备组成员由 3 人或 5 人组成，组长一般由拟任工会主席或小组长的候选人担任。

为加强党对工会组织的领导，分院工会应建立工会小组，工会小组一般遵照基层党支部体系建立；设工会小组长 1 人，组员 2 人，有女职工的应充分考虑将女职工推荐为组员候选人建议人选。工会组长由会员直接选举产生，任期与分院工会一致。项目工会只建立工会小组，不下设工会组织。

分院工会会员人数在 100 人以上的，需召开会员代表大会，会员代表应以工会小组为选举单位，采用无记名投票方式差额选举产生，差额率不低于 15%，参与选举会员占会员总数的 2/3 以上。会员 100～200 人者，设代表 30～40 人；会员 201～1000 人者，设代表 40～60 人。当会员代表候选人获得选举单位全体会员过半数赞成票时，方能当选。会员代表候选人应以一线职工为主，中层正职以上管理人员和领导人员一般不得超过会员代表总数的 20%，女职工、青年职工、劳动模范（先进工作者）等会员代表应占一定比例。

2. 组织选举阶段。分院工会、经费审查委员会委员候选人建议名单应经会员充分讨论，一般以工会小组为单位推荐；项目工会组长、组员候选人建议名单（因项目工会不具备办理法人资格和开设独立账户资格，经费审查工作由二级单位工会经费审查委员会代为开展）由同级党组织提名，二级单位工会也可提名本级专职工会干部。分院工会筹备组根据多数工会小组意见，经与同级党组织协商，提出工会委员会、经费审查委员会候选人建议名单，报同级党组织、上级单位工会审查同意，并进行公示，公示期不少于5个工作日；项目工会筹备组经会员充分讨论后，参照公示。

分院工会委员会一般由3人或5人组成；经费审查委员会一般由3人组成。项目工会由工会小组长1人，组员2人组成，有女职工的应充分考虑将女职工推荐为组员候选人建议人选。

分院工会委员会采取无记名投票差额选举方式产生，差额率不少于5%，参与选举会员或会员代表占总数的2/3以上；分院经费审查委员会采取无记名投票等额选举方式产生，参加选举人数同上。项目工会组长、组员采取无记名投票等额选举方式产生，全体会员参与选举。

3. 上报审批阶段。分院工会、经费审查委员会及项目工会小组选举结果，同时报同级党组织和上级单位工会批准。分院工会、经费审查委员会委员任期为3年或5年；项目工会小组委员任期与项目工期一致。

（二）设计院（分院、项目组）工会主席、副主席，经费审查委员会主任委员、副主任委员的产生

1. 产生流程

工会主席、副主席，经费审查委员会主任委员、副主任委员应从工会、经费审查委员会委员中等额选举产生，应设工会主席1人，根据工作需要自行决定是否设置工会副主席；经费审查委员会应设主任委员1人，根据工作需要自行决定是否设置副主任委员；工会、经费审查委员会副主席、副主任委员不超过1人。

分院工会主席、副主席，经费审查委员会主任委员、副主任委员候选人建议人选应与工会、经费审查委员会候选人建议人选同时确定、同时上报、同时公示，经上级单位工会批复后，由工会委员会或经费审查委员会选举。

工会、经费审查委员会选举结果同时报同级党组织和上级单位工会批准。任期与分院工会或项目工期一致。

2. 调整流程

当分院工会任期内工会主席、副主席出现空缺时，按照干部管理权限由同级党组织提名，征得上级单位工会同意，提交分院全体会议选举补充。如候选人是委员，可由工会委员会选举产生，也可以由会员大会或会员代表大会选举产生；如候选人不是委员，可经会员大会或会员代表大会补选为委员后，由工会委员会选举产生，也可以由会员大会或会员代表大会选举产生。

如候选人不是委员且近期内因特殊情况不能召开会员大会或会员代表大会的，经征得上级单位工会同意，也可在委员会全体会议上先增补其为委员。委员和主席、副主席选举结果同时报上级单位工会。在工会委员会全体会议上选举产生的委员，应在下一次召开会员代表大会或会员大会时提请大会予以确认。

任期内经费审查、女职工委员会主任委员、副主任委员出现空缺时，应参照主席、副主席补选流程进行选举。

任期内项目工会组长出现空缺的，由上级单位工会与同级党组织协商提名，由会员大会选举产生。

（三）设计院（分院、项目组）女职工组织建设

女职工委员会与工会委员会同时建立。分院工会有女会员 10

人以上的应建立女职工委员会，项目工会及分院工会不足 10 人的应设女职工委员或女职工组织委员 1 人。女职工委员会一般由 3 人组成，女会员 10 人以上的应设主任委员 1 人，根据工作需要自行决定是否设置副主任委员。女职工主任委员由同级工会女主席或女副主席担任，也可经民主协商，按照相应条件配备女职工主任委员。女职工主任委员应提名为同级工会委员会候选人。

分院工会女职工委员会委员由同级工会委员会提名，在充分协商的基础上产生，在工会委员会第一次全体会议上，由新当选的工会主席提名工会女职工委员会组成人员及主任委员、副主任委员，经全体委员表决通过后产生。项目工会女职工组织委员由项目小组女组员兼任。

女职工委员会主任委员、副主任委员名单，与工会委员会、经费审查委员会选举结果同时报同级党组织和上级单位工会批准。

六、民主管理与民主监督

（一）依法行使民主管理、民主监督权利

分院及项目工会应组织职工或职工代表积极参与民主决策、民主管理、民主监督。

分院及项目职工有权依法组织和参加工会；有权依法进行民主选举、民主评议。具备工会社团法人资格的分院工会有权通过工会或推举的职工代表与企业行政方面进行平等协商、签订集体合同；有权对企业应当公开的事项通过工会或职工代表、职工监事进行质询；有权对企业贯彻实施劳动法律、法规情况进行监

督；有权对企业依法缴纳养老、失业等社会保险金情况进行监督；有权享有法律、法规规定的其他权利。

（二）参与民主管理形式、途径及渠道

分院工会应定期组织召开职工或职工代表大会，就企业发展、企业管理、职工职业发展、职工福利等涉及职工切身利益的事项开展提案征集或意见建议收集工作；就企业发展中面临的问题、职工工作和生活中遇到的困难开展集体或个别座谈。

分院及项目工会应深入开展厂务公开，通过线上、线下阵地建设，设置厂务公开栏，“三重一大”事项要依法向职工公开；因地制宜，采取民主评议、问卷调查、开设意见箱等其他民主的管理措施开展工作。

七、劳动竞赛等群众性经济创新工作

（一）劳动竞赛工作

1. 机构组成

劳动竞赛组织管理由分院及项目工会牵头，建立劳动竞赛委员会或领导小组，负责劳动竞赛部署、指导、检查、评比和表彰等工作，推动劳动竞赛深入开展。

2. 竞赛内容

在分院及项目中深入实施“六比六创·三型一流杯”夺标劳动竞赛，采取分级管理、分类指导方式。分院竞赛划分为不同业务板块开展“六比六创·三型一流杯”夺标劳动竞赛，通过

“比和创”形成“争先进、当排头、破难题”的氛围，促进各单位彰显“三个领军、三个领先、三个典范”价值；项目竞赛实施“六比六创”竞赛，立足全力推动项目管理提升再出发，通过竞赛促进项目“抓住两条主线（履约线、成本线）、守住一条红线（风险线）”，把建设质量、进度、管理、效益抓具体、抓深入，持续提升技术能力和创新能力、节能减排成效、示范品牌效应。

3. 实施步骤

主要分为组织部署、宣传动员、竞赛推进、抽查指导、总结表彰 5 个步骤。劳动竞赛委员会或领导小组负责活动方案制定、部署动员；通过召开启动仪式、现场推进会等形式，营造竞赛氛围，使参赛单位或项目员工充分了解竞赛主题、目标和载体；根据竞赛方案，组织推进劳动竞赛活动实施；负责检查责任落实、节点控制和竞赛效果，发现问题及时分析，并提出解决问题的具体措施；对好的经验和做法，适时以经验交流会、报告等形式开展交流，对涌现出的先进集体予以精神奖励。

（二）合理化建议、技术革新工作

1. 立项申报

项目负责人（建议人）向分院及项目工会提交技术革新、合理化建议项目立项材料，经相关部门审批后完成立项。项目参与人数，一般项目不超过 5 人，联合项目不超过 10 人，必须注明参加人员所承担的工作内容及其占整个项目的比例。

在项目完成后，由项目负责人提交项目成果佐证材料，经分院及项目组负责人签批，交相关部门对项目的真实性及所创造的价值等内容进行审核，出具认定意见后，转交技术部门。技术部门对申报的技术革新、合理化建议项目进行汇总审查。

2. 评审要求

由工会组织和技术部门统一协调相关部门共同做好对所涉项目的核实工作，联合召集评审小组对申报的项目进行综合评审，在评审过程中，应借助 PPT、影像资料等形式，对申报项目进行详尽介绍，评审领导小组成员（评委）对所申报的项目进行无记名打分，根据各评委的平均分数，进行所申报项目综合评定，确定各项目的奖励等级。

3. 推广应用

根据评审结果，在由分院及项目工会会同相关部门对共性项目归纳总结后，在更大范围进行推广应用，对应用广泛的项目给予奖励激励。

（三）劳模（工匠人才）创新工作室创建

1. 创建基础

分院及项目工会在创建创新工作室时，要按照中国交建示范性劳模（工匠人才）创新工作室“七有”标准进行创建。在条件不足或不充分时，分院及项目工会要统筹协调，积极指导多家团队联合创建。

2. 管理评审要求

创新工作室由分院及项目组和工会组织共同实施动态管理。工会负责创新工作室日常管理，分院及项目组要给予日常活动经费支持，专项科研经费由创新工作室根据技术攻关课题立项情况制定预算，经相关部门和行政审批后在本单位科研经费中列支。建立相应的管理办法，不断提高创新工作室学习交流、技术攻关、成果转化、人才培养的制度化、规范化水平，要积极组织创新工作室参加创新成果展示活动，力争在评比中榜上有名，同时争取省市工会为创新工作室命名；建立管理台账，包括创建活动台账、创新成果台账、成员发展台账等；建立验证、奖励制度，创新工作室对工作进行定期自检，所在单位工会加强创新工作室验证、考核，对取得突出效益的创新工作室和贡献突出的创新带头人及骨干人员，按照贡献大小给予奖励。

3. 申报途径

由团队带头人向分院及项目工会提出申请，工会组织会同相关部门进行审核，组织答辩，经同级党组织审定后，予以授牌表彰。

八、劳动安全监督与权益维护

（一）工作内容

分院及项目工会要切实履行法律赋予工会组织的职责，有效维护职工的安全健康权益。充分发挥工会组织作用，不断深化以“安康杯”竞赛、“安心项目”建设为载体的群众性安全生产和职业病防治活动，大力提升工会劳动保护监督检查水平，努力提高广大职工的安全意识和技能水平。

（二）劳动安全监督

分院及项目工会要依法组织职工参加单位或项目安全生产工

作的民主管理、民主监督、规章制度编制，维护职工在安全生产方面的合法权益。依法参加事故调查，向有关部门提出处理意见，并有权要求追究有关人员的责任。积极组织职工对建设项目的安全设施与主体工程同时设计、同时施工、同时投入生产和使用进行监督，提出意见，畅通“隐患举报”渠道。

（三）女职工特殊权益维护监督

分院及项目工会要加强对女职工劳动保护的监督检查，定期开展女职工权益保护法律法规知识普及活动，帮助女职工增强法律意识和自我保护能力。分院工会要督促分院签订女职工权益保护专项集体合同，也可将女职工权益保护专项内容作为集体合同的附件或在集体合同中设立专门章节。项目工会要建立女职工权益保护机制，确保项目女职工权益保护的有效实施。分院及项目工会要积极为困难女职工办实事、做好事、解难事，提供多方面的服务和帮助。

九、职工宣教与素质提升

（一）制定规划

分院及项目工会应制定职工宣教、素质提升长期规划和年度计划，明确工作目标和任务，积极策划主题方案，确保职工宣教和素质提升各项工作落地落实。

（二）主要内容

分院及项目工会要从职工思想素质提升、业务素质提升、技能素质提升、创新素质提升4个方面入手，组织职工学习党的方针政策、国家法律法规，开展职工形势任务教育，引导职工树立大局意识，不断提高职工思想道德素质。组织开展职工业务知识、技能素质和安全知识等培训教育，拓宽职工知识面，提升职工业务能力。组织开展职工劳动竞赛、岗位练兵、技术比武、技能大赛、安全知识竞赛等活动，探索“导师带徒、一师多徒、名师优徒”的方式方法，不断提升职工队伍技能素质。组织开展职工技术攻关、技术革新和合理化建议等活动，激发职工的积极性和创造性。

（三）激励机制

分院及项目工会要充分发挥自身优势，坚持围绕促进企业发展、提升职工素质的工作思路，联合相关部门争取同级党政支持，拓宽岗位晋升通道，帮助职工实现岗位成才梦想。制定表彰制度和激励政策，崇尚“以业绩论英雄，英雄不问出处”的鲜明导向，调动广大职工学习技术、钻研技能的积极性，让爱岗敬业、技术精湛的人才脱颖而出。

十、设计院（分院、项目组）职工文体活动

分院及项目工会要积极倡导全员参与的文体活动格局，促进职工运动机能协调发展，提高职工身体素质。坚持科学、文明、自愿、安全的原则，依法保障职工参加各项文化体育活动的权利，为职工开展文化体育活动提供基本服务。

要丰富文化体育活动形式，广泛组织形式多样的文体活动，满足职工文体活动需求，通过文体教学、个性化定制等方式，帮

助职工掌握一至两项运动技能，培养企业文体活动后备人才，促进职工养成体育健身意识和终身运动习惯。

要积极联合属地主管单位、业主单位、兄弟单位开展更高层次的文体赛事，做优“工”字品牌，助力企业高质量发展。

要建立活动安全防范工作机制，应制定安全防范方案和应急预案，提供必要物资及医疗服务，保障赛事活动安全。

十一、职工福利与慰问

（一）福利设施管理

分院及项目工会具有设置福利设施条件的，要明确福利设施产权，需纳入工会固定资产的应及时纳入，并按照要求进行折旧计提；要明确福利设施的管理责任部门、管理人员、管理标准和流程，规范福利设施的使用和管理；要制定福利设施的维护和更新制度，确保福利设施的正常使用和可持续发展；要及时了解员工对福利设施的需求，不断提升福利设施服务效能。

（二）福利慰问管理

分院及项目工会要深入落实《中交集团职工关心关爱指导意见》，督导同级党政结合实际健全关爱职工制度体系，共同完善具有中交特色的关心关爱职工长效机制。探索推行工会服务职工工作清单制度，健全工会服务职工满意度评价机制，办好暖人心、聚人心的实事好事。完善一线职工、困难职工慰问工作机制。扩大“新春慰问、夏送清凉、金秋助学、冬送温暖”工作的影响力，实施贯穿全年常态化、长效化、制度化的“暖心工程”，拓展送政策、送文化、送技能、送健康、送关怀等多种暖心服务项目。

慰问品和慰问金发放标准应参照《中交集团暨中国交建工会经费收支管理办法》与二级单位工会所在地区《基层工会经费收支管理办法》执行。

十二、设计院（分院、项目组）工会会员会费收缴规定

分院及项目工会要严格依照全国总工会规定，按照会员工资收入的5‰定期收取会费，由分院及项目工会自行管理。

会员会费可用于组织会员观看电影、文艺演出和体育比赛等，开展春游、秋游，为会员购买当地公园年票。会费不足部分可以用工会经费弥补，弥补部分不超过基层工会当年会费收入的3倍。基层工会组织会员春游、秋游应为当日往返，不得到有关部门明令禁止的风景名胜区开展春游、秋游活动。

十三、设计院（分院、项目组）工会经费使用规定

（一）参考依据

分院及项目工会要积极探索《中交集团暨中国交建工会经费收支管理办法》与二级单位工会所在地区《基层工会经费收支管理办法》有效结合的途径，确保经费依法合规使用。要按照所属单位工会确定的经费分成比例，通过税务代收或向二级单位工会及时足额上缴经费。

（二）使用原则

遵纪守法原则。各项经费收支，必须严格执行国家法律法规、中华全国总工会和所在地方政府规定，认真执行工会财务会计制度，遵守财务纪律。

经费独立原则。依法取得社会团体法人资格的基层工会，应单独开设银行账户，实行工会经费独立核算。

预算管理原则。工会经费收支应全部纳入预算管理，并按照《工会预算管理办法》执行。

依法收缴原则。基层工会应依法收缴工会经费，并按规定留成上缴。

服务职工原则。工会经费使用要突出重点，保证维护职工的合法权益、开展职工服务和工会活动。

勤俭节约原则。经费使用要精打细算，少花钱、多办事，节约开支，提高经费使用效益。

民主管理原则。要依靠职工管好、用好经费，定期公布账目，实行民主管理，接受会员监督和经费审查委员会审查。

（三）管理要求

不得截留、挪用，不得用于非项目职工服务和工会以外的开支；不得支付社会摊派或变相摊派的费用；不得为单位和个人提供资金拆借、经济担保和抵押。工会经费开支实行工会委员会集体领导下的主席负责制，重大开支由集体研究决定。

十四、设计院（分院、项目组）工会工作评价

（一）测评目的

分院及项目工会要坚持每年进行职工之（小）家建设满意度测评，不断夯实工作基础，增强工会活力，扩大工作覆盖面，更广泛地把职工吸引到工会活动中来，使工会工作更加贴近实际、贴近职工，更加符合职工意愿，实现“组织健全、维权到位、工作规范、作用明显、职工信赖”的目标。

（二）途径和内容

分院及项目工会要结合二级单位工会制定的职工之（小）家评定标准，从组织体系健全、维权机制完善、作用发挥明显、自身建设规范等方面开展工作，每年通过会员或会员代表大会开展测评。

（三）结果应用

应把会员民主测评满意等次作为考核、评价工会工作和工会主席履职情况及评选先进的重要依据。对获得满意等次的工会和工会主席，可作为推荐申报本级或上级各类先进集体、先进个人的依据；对连续 3 年以上获得满意等次的模范职工之（小）家的工会和工会主席，可作为推荐申报本级或上级相关奖项依据。

未开展会员评价活动或会员群众不满意的基层工会，该年度不得申报推荐为本级或上级工会的各类先进集体；未开展会员评

价活动或会员群众不满意的工会或对工会主席测评结果不满意的，其工会主席不得申报推荐为本级或上级工会的各类先进个人。

第四章
投资类项目工会工作指引

一、适用范围

本指引适用于投资类板块各项目工会工作的管理与实施。

二、编制依据

依据《中华人民共和国工会法》《中国工会章程》《中华人民共和国安全生产法》《中华人民共和国劳动法》《中华人民共和国妇女权益保障法》《女职工劳动保护特别规定》《工会劳动法律监督办法》《企业民主管理规定》《基层工会经费收支管理办法》及中交集团工会联合会相关的工作制度，结合工会工作实际，制定本指引。

三、投资类项目工会定位

投资类项目工会是以建设项目为单位成立的工会组织，经项目职工民主选举，代表其上级公司工会社团法人开展工作，引领职工听党话、跟党走，以推动项目安全生产、职工技能提升、维护职工合法权益、丰富职工精神文化生活等为主要工作内容，努力建设成为维护安全、维护和谐、服务生产、服务职工的职工之家。

四、投资类项目工会工作要求

（一）加强思想教育

通过组织职工培训，开展职工教育活动，不断提高职工群众的思想道德素质和科学文化素质，建设有思想、有道德、有文化、有纪律的职工队伍。

（二）开展竞赛攻关

组织职工开展劳动竞赛、合理化建议、技术革新和技术协作等活动，总结推广先进经验，做好劳动模范、工人先锋号、先进生产（工作）者的评选、表彰、培养和管理服务工作。

（三）参与民主管理

代表和组织职工依照法律规定，通过职工代表大会、厂务公开和其他形式，参加本单位民主管理、民主决策、民主监督。

（四）维护职工权益

依法维护职工的劳动经济权益，维护女职工的特殊利益，协调企业劳动关系，推动建设和谐企业，促进企业健康发展。

（五）促进安全和谐

建立健全工会主动参与职业安全卫生管理的机制，做好安全生产、职业病防治和社会保险等方面的工作，办好职工集体福利事业，改善职工生活，对困难职工开展帮扶。依法参与生产安全事故和职业病危害事故的调查处理。

（六）组织文体活动

组织有益于身心健康的文化体育活动，办好图书馆、阅览室，推进职工文化建设，用先进文化引导、教育职工。

（七）工会日常管理

做好工会组织建设，健全民主制度和民主生活，做好会员的发展、接收、教育和会籍管理工作，加强职工之家建设。收缴、管理和使用好工会经费，管理好工会资产，做好工会信息统计、调研工作。

五、投资类项目工会组建

（一）成立工会筹备组

投资类项目工会会员在 25 人以上的，建立工会委员会；不足 25 人的，可以单独建立工会委员会，也可以由两个以上单位的会员联合建立工会委员会。根据项目规模，100 人以下筹备组设3 ~5 人，100 人以上设 5 ~7 人。成立工会筹备组的报告由项目党组织或行政报上一级工会，经上一级工会批准同意后，即开始本单位工会组织的筹备工作。

（二）筹备工作

1. 工会筹备组开始会员登记工作，新入会职工本人填写入会申请表。

2. 以部门为单位建立工会小组，民主选举工会小组长。一般会员在100人以下的直接召开会员（代表）大会。会员在100人以上的应召开会员代表大会，会员代表一般按会员人数10%～30%的比例产生，最少不得少于30人。工会筹备组根据各工会小组的人数，将会员代表的名额分配到工会小组，会员代表以工会小组为选举单位选举产生。经工会筹备组审查后确定代表当选资格。

3. 筹备组提出推荐首届工会委员会委员、经费审查委员会（小组）委员的条件，并根据项目规模确定首届工会委员会委员和经费审查委员会（小组）委员候选人名额。一般100人以下设工会委员会委员3～5人，经费审查委员会（小组）委员3人；100～500人设工会委员会委员5～7人，经费审查委员会（小组）委员3～5人；有女会员10人以上的建立女职工委员会，不足10人的设女职工委员。

候选人以5%～10%的差额考虑，以工会小组为单位推荐。在各工会小组推荐汇总后，筹备组根据得票情况并征求同级党组织意见，确定第二轮候选人名单，再征求工会小组意见，然后正式确定候选人名单，候选人名单报上级工会批准。

因会员人数较少未设置工会小组的项目公司经筹备组、会员推荐后，直接确定候选人名单并报上级工会批准。

4. 筹备组需做好首届工会会员（代表）大会的准备工作，确定会议议程与选举办法，并将会议筹备情况报上级工会批准。

（三）成立工会

召开第一届会员（代表）大会，选举产生第一届工会委员会、经费审查委员会（小组），通过女职工委员会名单。随后召开一届一次委员会议、一届一次经审委员会议，选举工会主席、经审委主任。选举完成后，向上级工会报送关于工会第一次会员（代表）大会选举结果的书面请示，女职工委员会主任名单与工会委员会选举结果同时报上级工会，得到批复后，基层工会正式成立。

（四）完备工会组织

凭上级工会的批复文件到公安部门指定的单位刻制工会印章，然后到所属地方工会办理法人资格登记证书，并到所属地方工会财务部联系建立工会账户事宜，到银行开设工会独立账户。

六、民主管理与民主监督

职工民主管理是指职工依据有关法律与制度，通过一定的组织形式，直接或间接地参与企事业管理与决策的各种行为的总称。职工代表大会是实行民主管理的基本形式，是职工行使民主管理权利的机构。

（一）职工代表大会

在项目公司召开职工大会或职工代表大会换届前，应当成立由项目公司党组织、各有关部门人员组成的筹备机构。项目公司工会委员会作为职代会工作机构，负责职工代表大会（职工大会）日常工作。

（二）厂务公开

项目生产经营质效情况；项目专业分包、劳务分包等相关情况；大宗物资招标采购相关情况；设备采购、租赁、管用养修等相关情况；职工评先评优、提薪晋级、转正定级、绩效分配等相关情况；临时用工招录、薪酬待遇等相关情况；业务招待费、福利费总体使用情况；职工食堂收入支出情况；劳动保护措施、标准，特殊工种补贴情况；职工普遍认为应当公开地与项目高质量管理有关的其他方面的重要内容。

实行厂务公开的主要载体是职工（代表）大会，除职工（代表）大会外，厂务公开还需要借助其他形式。比如，厂情发布会；厂务公开栏；公司领导班子会议；企业内部文化传播媒介；其他形式，如意见箱、接待日、职工座谈会、联络员等。

七、劳动竞赛等群众性经济创新工作

（一）劳动竞赛工作

参照执行《项目工会工作指引》（通用版）劳动竞赛工作相关内容。

劳动竞赛委员会（领导小组）由项目公司党、政、工负责人组成。竞赛办公室设在综合管理部，竞赛日常工作主要由项目公司综合管理部、工程技术部共同负责。要注重以高质量劳动竞赛助力重点任务落实，持续强化过程管控，及时纠偏，同时做好竞赛总结评比，发挥竞赛激励作用，深化竞赛活动的引领力和实效性。

（二）合理化建议、技术革新工作

1. 成果征集

合理化建议活动征集方法如下：

（1）竞赛激励法。把合理化建议活动纳入劳动竞赛，开展合理化建议专题竞赛活动。

（2）定时活动法。以开展合理化建议月、建议周、建议日等活动的方式，集中时间，发动职工提出合理化建议。

（3）目标管理法。提出合理化建议目标值，作为项目公司经营管理目标之一，与经济责任制挂钩，层层分解落实、严格考核，以保证实现。

（4）现场服务法。项目公司管理人员深入现场，面对面地向职工征集合理化建议，为职工提出建议提供更方便的条件。

（5）会议征询法。召开各种会议征集合理化建议，为职工提供提出合理化建议的机会与场所。

（6）定向引导法。针对工作业务、经营管理中的难题，提出合理化建议的方向或课题，引导职工瞄准目标献计献策。

2. 评审实施

（1）申报。填写合理化建议、技术革新成果申报表，将建议的理由、改进的方法和措施、预期的效果等填写清楚，然后送交本单位综合管理部门。

（2）登记。综合管理部门把征集上来的建议及革新成果进行分类登记，针对符合条件的提出初审意见后，传送到归口部门。

（3）评审。归口部门接到建议后，组织有关人员逐条进行可行性分析，作出采纳与否的决定。对已采纳的项目组织实施；对未采纳的项目，及时将情况反馈给申报者本人。

（4）实施。对被采纳的项目建议实行分级管理实施制度。简易的小改小革项目，项目公司提供条件进行实施；重大的建议和较大的革新项目，由公司编制实施计划，责成有关部门负责实施，限期完成；重大项目可实行技术承包，通过与外单位合作或向技术市场招标的方式予以实施。

3. 推广应用

合理化建议、技术革新成果奖励采取物质奖励和精神鼓励相结合的原则。根据成果贡献大小，分别进行记功、表彰，并将其业绩记入档案，作为评选先进、考核晋级、评定职称的依据。凡在采纳实施后取得显著效果且有推广价值的合理化建议，应及时组织交流推广，具备申请专利条件的应申请专利。在推广应用成果的同时，也要重视对活动自身经验的总结，不断创新合理化建议活动，推动合理化建议活动的深入开展。

（三）劳模（工匠人才）创新工作室创建

1. 创建基础

项目公司工会在创建创新工作室时，要按照中国交建示范性劳模（工匠人才）创新工作室“七有”标准开展。在条件不足或不充分时，项目公司工会要统筹协调、积极指导多家团队联合创建。

2. 管理评审要求

工作室领衔人负责劳模（工匠人才）创新工作室的日常管理工作，项目公司工会负责协同有关部门在团队搭建、资金支持、课题参与、培训指导、成果推广、人才晋升等方面给予支撑保障，在前述创建条件的基础上，优先推荐有实用创新成果、有较强示范引领作用、职工群众认可度高的创新工作室申报上级工会示范性创新工作室，积极争取上级工会命名及政策支持。对创新工作室实行分级管理，上级工会定期或不定期地对创新工作室进行检查或组织互查，对组织健全、活动正常、制度完善、创新成果显著的创新工作室给予表彰奖励，对活动开展不力、流于形式的创新工作室予以通报，直至摘牌。

3. 申报途径

创新工作室由各基层工会每年向上级工会申报，申报材料按照上级工会有关要求填写。上级工会对照创建主体的有关规定和创建要求进行审核，并实地考察。对经审核、考察具备创建条件的劳模（工匠人才）创新工作室，由上级工会签署意见，正式命名。对经批准成立的劳模（工匠人才）创新工作室，由上级工会为其授牌。

八、劳动安全监督与权益维护

（一）工作内容

项目公司工会要切实履行法律赋予工会组织的职责，有效维护职工的安全健康权益。不断深化以“安康杯”竞赛、“安心项目”建设为载体的群众性安全生产和职业病防治活动，大力提升工会劳动保护监督检查水平，努力提高广大职工的安全意识和技能水平。

（二）劳动安全监督

项目公司工会要依法组织职工参加项目安全生产工作的民主管理、民主监督、规章制度编制，纠正违法行为和对安全生产工作提出建议，维护职工在安全生产方面的合法权益。依法参加事故调查，向有关部门提出处理意见，并有权要求追究有关人员的责任。积极组织职工对建设项目的安全设施与主体工程同时设计、同时施工、同时投入生产和使用进行监督，提出意见，畅通“隐患举报”渠道。

（三）女职工特殊权益维护监督

参照《项目工会工作指引》（通用版）女职工权益维护监督相关内容执行。

九、职工宣教与素质提升

坚持引领职工听党话、跟党走，把职工思想政治教育、素质提升等渗透和贯穿工会工作全过程。

（一）抓好职工思想政治教育

巩固学习贯彻习近平新时代中国特色社会主义思想主题教育成果，通过理论宣讲、演讲比赛、知识竞赛等方式，发挥“学习强国”、“学习强会”、全国工会电子职工书屋等平台作用，推动习近平新时代中国特色社会主义思想在项目公司深入人心、落地生根。

（二）常态化开展理想信念教育

持续深化“中国梦·劳动美”主题教育和“四史”宣传教育，开展爱国主义、集体主义、社会主义教育，加强红色工运资源宣传，因地制宜开展参观瞻仰、纪念缅怀、现场教学、学习体验、研讨交流等活动，教育引导广大职工更好地传承红色基因、赓续红色血脉、汲取奋进力量。

（三）大力弘扬劳模精神、劳动精神、工匠精神

教育引导职工以实际行动践行爱岗敬业、争创一流、艰苦奋斗、勇于创新、淡泊名利、甘于奉献的劳模精神，崇尚劳动、热爱劳动、辛勤劳动、诚实劳动的劳动精神，执着专注、精益求精、一丝不苟、追求卓越的工匠精神。发挥好劳动模范、先进典型的示范带动作用，讲好新时代新征程劳模故事、劳动故事、工匠故事，激发职工见贤思齐、团结奋斗的精气神。

（四）促进职工素质能力提升

注重加强工会干部队伍建设，大力宣贯《中交集团员工行为识别系统规范手册》，规范员工行为。通过“传帮带”“师带徒”等形式，做好新员工培养，抓好年轻员工思想工作，引导年轻员工树立正确职业观，帮助年轻员工规划职业发展，充分提供机会和平台加强对年轻员工的锻炼，促进年轻员工成长。畅通职业发展通道，为专业技术人员建立更加完善的职业发展通道。

十、项目职工文体活动

（一）活动目标

项目公司开展职工文体活动，旨在促进职工身心健康，增强团队凝聚力，提升工作效率，营造积极向上的企业文化氛围。开展文体活动要坚持健康向上、内容丰富、覆盖面广的原则。

（二）活动形式

职工文体活动的形式包括体育竞赛类（如足球、篮球、排球、羽毛球、乒乓球）、趣味运动类（如三人四足、接力赛跑、拔河比赛）、健身活动类（如瑜伽、普拉提、舞蹈）、文化艺术类（如歌唱比赛、舞蹈比赛、绘画比赛）、户外活动类（如徒步旅行、野餐、烧烤）、知识竞赛类（如安全知识竞赛、环保知识竞赛、行业知识竞赛）。项目公司要充分挖掘、培养职工中的文体人才，发挥其骨干作用，具备条件的应成立相应的兴趣小组，活跃职工文化生活。

（三）活动保障

项目公司应设立相应的活动经费，安排有关人员负责文体活动的具体执行和协调工作，确保活动实施的安全、卫生等基本条件。定期发布文体活动计划，明确各项活动的时间、地点、内容等。根据职工意见、建议及时调整和改进活动组织实施方案，彰显群众性及“工”字特色。

文体活动组织可以委托专业的活动策划机构。所有职工均有权参与工会组织的文体活动并需遵守相关规定。文体活动的奖励以精神奖励为主，物质奖励为辅。针对违反活动规则的，工会有权采取相应的惩罚措施，取消其参与文体活动的资格。

十一、职工福利与慰问

（一）职工福利

项目公司工会依法合规为职工提供福利待遇，传递企业关爱，提升职工生活品质。

具备条件的项目和建设周期较长的项目公司应配置相关的服务设施，在法定节假日及职工生日、婚育、生病住院、到龄退休等时间节点，可向职工发放一定额度的慰问品、纪念品，具体标准按照上级工会规定执行。

（二）慰问管理

项目公司工会慰问包括节日慰问、生日慰问、结婚慰问、生育慰问、住院慰问、丧事慰问、退休慰问、困难慰问等。慰问品和慰问金发放标准应参照《中交集团暨中国交建工会经费收支管理办法》与二级单位工会所在地区《基层工会经费收支管理办法》执行。

十二、产业工人队伍一体化管理

投资类项目公司一般不直接管理产业工人，主要由总包单位进行管理。对产业工人队伍的管理，一般参照《项目工会工作指引》（通用版）产业工人一体化管理工作相关内容执行。

十三、项目工会会员会费收缴规定

参照《项目工会工作指引》（通用版）会费收缴规定相关内容执行。

十四、项目工会经费使用规定

（一）管理原则

1. 坚持“统筹兼顾、量入为出，勤俭节约、收支平衡”的原则。工会经费使用要建立预算制度，做到少花钱、多办事、办好事，努力提高工会经费的使用效益。

2. 坚持独立管理原则。工会经费必须实行单独核算，在银行建立独立账户。根据预算，经费开支由工会主席审批。

3. 坚持遵纪守法原则。严格执行国家财政的政策和规定，认真执行工会财务制度，遵守财务纪律。

4. 坚持为员工服务原则。工会经费不得用于非工会活动的开支，不得支付摊派费用，不得为单位和个人提供资金拆借和经济担保。

5. 民主管理原则。项目工会应依靠会员管好、用好工会经费。年度工会经费收支情况应定期向会员大会或会员代表大会报告，建立经费收支信息公开制度，主动接受会员及上级工会监督。

（二）使用规定

项目工会经费主要用于为职工服务和开展工会活动，经费使用必须符合规定并严格按照规定执行。具体使用范围如下：

1. 项目公司工会组织开展职工教育、文体、宣传等活动所发生的支出和工会组织的职工集体福利支出。

2. 项目工会用于维护职工权益的支出包括劳动关系协调费、劳动保护费、法律援助费、困难职工帮扶费、送温暖费和其他维权支出。

3. 业务支出是指项目工会培训工会干部、加强自身建设及开展业务工作发生的各项支出。

4. 其他支出是指项目工会除上述支出以外的其他各项支出，包括资产盘亏、固定资产处置净损失、捐赠、赞助等。

十五、项目工会工作评价

项目工会工作评价主要依托于党建考核检查和职工之家活动的展开，是加强基层工会民主建设的重要内容，是密切工会与会员群众联系的客观需要，是推进建设职工之家深入发展的有效机制。

（一）党建考核检查

将工会工作纳入对基层项目公司的党建考核检查，从职工服务、群众生产、素质提升、民主管理、自身建设等方面对项目工会工作进行考核评价。

（二）创建职工之家

1. 活动目标

适应工会依法履行维护职工合法权益基本职责的要求，按照“因地制宜、因需制宜、突出特色、感受温暖”的工作思路，大力推进基层工会的群众化、民主化、法治化，着力扩大工会组织的覆盖面，提高服务职工能力，提升工会干部素质，努力把基层工会建设成为组织健全、维权到位、工作规范、作用明显、职工信赖的职工之家，把工会干部培养成职工信赖的“娘家人”。

2. 申报程序

由项目公司工会提出申请，经本级党组织同意后，填写验收申报登记表，向上级工会提出验收申报；上级工会对基层工会申报的建设职工之家工作进行验收和评审；评审合格的发放证书，评审不合格的将撤销称号。

3. 评价标准

上级工会依据《职工之家评估分值参考表》（见附表3），对考核评分75～85分的评定为“合格职工之家”，考核评分85分及以上的评定为“先进职工之家”。合格、先进职工之家会员（代表）大会民主测评满意率应当达到90%及以上。会员不满意、考核不合格的，需上级工会明确改正内容和要求，限期整改。

附表 1

基层项目公司党建考核检查参考表（工会工作）

序号	评价要点
1	未专题研究工会工作，扣 1 分
2	未制订工会工作年度计划、总结，扣 1 分
3	工会组织机构人员配备不到位、工会干部职级待遇不符合集团及所在单位的有关规定，扣 0.5 分
4	工会经费、会员会费收缴（上缴）不及时、不足额，扣 0.5 分
5	未定期召开职工大会、工会委员会，工会换届未报批或换届延期超半年，扣 0.5 分
6	企业改革改制中职工裁减、分流、安置方案，职工奖惩、薪资调整，企业年金、住房公积金和社会保险缴纳、调整方案，集体合同草案，劳模推选等涉及职工利益的重要事项、制度等未提交职代会（职工大会）审议，每发现一项扣 0.5 分
7	未按要求签订集体合同并备案，未认真履行专项协议，扣 0.5 分
8	工资发放、劳动安全监督不到位，社会保险、公积金缴纳不正常，职工福利发放不符合规定，每发现一项扣 0.5 分
9	未按要求开展劳动（技能）竞赛、群众性经济创新、建家工作、职工素质提升、文体活动，扣 0.5 分
10	未建立劳动争议调解组织，扣 0.5 分

附表 2

先进“职工之家”验收申报登记表

<table>
<tr><td>基层工会名称</td><td></td><td colspan="2">成立时间</td><td></td></tr>
<tr><td>单位类型</td><td></td><td colspan="2">职工人数</td><td></td></tr>
<tr><td>单位所有制性质</td><td></td><td colspan="2">会员人数</td><td></td></tr>
<tr><td>二级单位工会数</td><td></td><td colspan="2">工会小组数</td><td></td></tr>
<tr><td>专职工会干部数</td><td></td><td colspan="2">兼职工会干部数</td><td></td></tr>
<tr><td rowspan="2">近两年会员评家满意度</td><td colspan="2"></td><td colspan="2"></td></tr>
<tr><td colspan="2"></td><td colspan="2"></td></tr>
<tr><td>获得先进或模范职工之家或相应荣誉称号的时间</td><td></td><td colspan="2">工会主席姓名</td><td></td></tr>
<tr><td>联系地址</td><td colspan="4"></td></tr>
<tr><td>联系电话</td><td></td><td colspan="2">邮编</td><td></td></tr>
<tr><td colspan="5">工会组织何时获得何种荣誉称号</td></tr>
<tr><td colspan="5">主要先进事迹（800 字，另附 3000 字事迹材料）</td></tr>
</table>

续表

推荐工会委员会意见	（盖章） 年 月 日
基层党组织意见	（盖章） 年 月 日
上级工会审批意见	（盖章） 年 月 日

附表 3

职工之家评估分值参考表

建家目标	评估内容	分值（100 分）
组织体系健全	1. 工会委员会、经审委员会、女职工委员会、分工会（小组）健全，工会主席符合任职条件，按照工会相关民主程序选举产生（10 分） 2. 建家工作方案符合单位实际，纳入党、政、工齐抓共管的工作目标（2 分） 3. 工会委员会组成符合要求、按时换届，工会主席进班子（2 分） 4. 按不低于 3‰的比例配备工会工作人员（1 分） 5. 工会机构单独设立，单独设立工会财务账号，依法办理社会团体法人登记（3 分） 6. 按规定足额缴纳并独立使用工会经费和会费（10 分） 7. 职工入会率 90% 以上（2 分）	30 分
维权机制完善	1. 职工代表大会、集体协商、厂务公开等制度健全（2 分） 2. 每年召开 1 次以上职工（代表）大会，落实法律法规规定的职代会职权（3 分） 3. 指导职工签订劳动合同，劳动合同签订率 100%（3 分） 4. 督促企业落实全员按时足额缴纳社会保险，积极参加所在地工会职工互助保障计划（2 分） 5. 完善集体协商制度，依法签订集体合同、女职工专项集体合同（3 分） 6. 依法开展工资集体协商，形成职工工资协商共决机制、职工工资合理增长机制、工资支付保障机制，按国家法律规定足额支付工资（4 分）	25 分

续表

建家目标	评估内容	分值（100分）
维权机制完善	7. 开展职工法制宣传，建立劳动争议调解组织，为职工提供法律服务（3分） 8. 定期开展职工安全教育培训，开展群众性安全隐患排查，督促企业健全安全生产制度，完善劳动防护设施，及时发放劳动防护用品，建立职工劳动保护和安全健康档案（3分） 9. 每年组织1次职工健康检查（2分）	25分
作用发挥明显	1. 配合开展以社会主义核心价值观、企业文化等为主要内容的思想道德教育（2分） 2. 按规定提取和使用职工教育培训经费（2分） 3. 职工培训成效明显（2分） 4. 根据单位情况设置必要的文化体育活动场地和设施（2分） 5. 每年集中组织开展2次以上职工文化体育活动（2分） 6. 围绕提高企业效率和产品质量，组织开展劳动竞赛、技术革新、技能比武等群众性经济技术活动，职工参与率60%以上（4分） 7. 劳动竞赛等活动有预算、有计划、有措施、有检查评比、有奖励（2分） 8. 组织开展合理化建议、技术革新活动并有奖励措施（2分） 9. 困难职工的第一知情人、第一报告人、第一协调人职责履行成效明显（3分） 10. 督促企业围绕职工生产生活需求开展优质后勤服务（2分） 11. 建立维权服务机制，做到有困难职工档案、有帮扶基金和制度，并落实（4分） 12. 开展职工生活困难、医疗帮扶等互助互济活动成效好（3分）	30分

续表

建家目标	评估内容	分值（100分）
自身建设规范	1. 工会有固定办公场所、设施，有工会印章，有工会宣传阵地和载体（3分） 2. 工会组织亮牌子、工会主席亮身份（2分） 3. 工会工作会议、工会选举、财务、经审等制度健全有效（2分） 4. 工会活动台账、工会会员档案等资料健全（1分） 5. 工会干部作风民主，注重听取职工意见建议，职工意愿和诉求表达渠道畅通（2分） 6. 以会员大会或会员代表大会的形式每年开展1次以上的会员评价活动（1分） 7. 会员对工会工作和工会领导满意率90%以上（4分）	15分
备注	根据新时代创争活动的总体要求，模范职工之家评估分值采取百分制计分办法，对基层工会相关工作进行分解并给予对应分值，供各单位参考。原则上会员评价满意率大于等于90%，近2年未出现严重违章、违纪和安全生产责任事故的单位，评估分值达到75～85分的，可申报“合格职工之家”，评估分值达到85分及以上的，可申报“先进职工之家”。	

第五章　运营类项目工会工作指引

一、适用范围

中交集团工会联合所属各级运营类项目工会组织。

二、编制依据

根据《中华人民共和国工会法》《中国工会章程》《工会基层组织选举工作条例》及中交集团工会联合关于加强工会组织建设的有关规定，结合运营类项目工会工作实际，制定本指引。

三、运营类项目工会定位

运营类项目工会委员会一般指具有独立法人的运营管理类公司所建立的工会组织，经项目公司职工民主选举产生，是公司工会会员和职工合法权益的代表者和维护者。接受同级党组织和上级工会双重领导，以同级党组织领导为主。

四、运营类项目工会核心工作要求

（一）做好职工思想政治工作，开展职工理想信念教育、法制教育和职业素质教育，支持组织职工学习政治、文化、科学技术和管理知识。

（二）依法维护职工民主权利，组织职工依法参与民主管理、民主监督。

（三）组织职工开展劳动竞赛、群众合理化建议、技术革新、技术协作活动，总结推广先进经验，做好先进工作者和劳动模范的评选、表彰、培养和管理工作，发动职工完成工作任务。

（四）保障职工生活福利，协助和督促办好职工集体福利事业；开展职工互助互济活动，做好生活困难职工救助；调解劳动争议；协同有关方面做好退休职工社会化管理工作。

（五）做好劳动保险和劳动工资的群众工作，关心职工劳动条件改善；协助督促劳动安全卫生相关法规政策执行，维护职工劳动安全；参加安全检查和伤亡事故的调查处理。

（六）维护女职工合法权益，同歧视、迫害妇女的行为作斗争。针对女职工的特殊问题，做好保护工作。

（七）收好、管好、用好工会经费，管理好工会财产。

（八）坚持工会民主制度，加强工会小组工作，做好新会员接收、教育、管理工作。

五、运营类项目工会组建

执行《项目工会工作指引》（通用版）相关规定。

有会员 25 人以上的，应当成立项目工会；不足 25 人的，可以单独建立项目工会，也可以选举组织委员或者工会主席 1 人，主持项目工会工作。

六、劳动竞赛等群众性经济创新工作

运营类项目公司有大量一线从事重复操作性工作的职工，开展劳动竞赛对广大职工的激励作用更加明显，让广大职工从一成不变的日常工作中抽离出来，激发职工聪明才智和创造性，提升职工的“主人翁”责任感，营造“比、学、赶、帮、超”的良好氛围，保持职工对工作的热情和进取心。

（一）开展劳动竞赛工作的主要功能

1. 创造功能

劳动竞赛不是一般的劳动，而是创造性劳动，其本质在于它的创造性。劳动竞赛能够有效地调动人们的积极性，激发人们的创造热情，因而竞赛的成果要优于人们在正常工作情况下取得的成果。

2. 激励功能

劳动竞赛的激励功能是通过开展“比、学、赶、帮、超”活动，激发职工的“主人翁”责任感，把蕴藏在职工群众中的智慧、积极性和创造力发挥出来，使其产生对工作的热情和进取心，并付诸行动从而达到竞赛的目的。职工通过劳动竞赛付出劳动，可以得到与之相应的物质奖励和精神激励。

3. 教育功能

一是职工通过劳动竞赛可以学到先进的文化知识、运营专业技能和经验，开阔自己的眼界，丰富自己的生产经验，提高自己的生产效率，同时发现自己的不足，找到与他人的差距，以便取长补短，共同进步。

二是通过劳动竞赛可以为广大职工提供正确的导向，如先进人物的刻苦钻研精神、团结互助的集体主义精神、精益求精的大国工匠精神，从而使职工树立正确的世界观、人生观和价值观，进而培养和造就一支德才兼备的高素质职工队伍。

三是通过劳动竞赛可以促进职工和企业形成利益共同体。企业通过开展劳动竞赛，发展了生产，提高了企业效益，就有了提高职工工资和福利待遇的基础，从而促进企业和职工关系进入良性循环。

（二）积极开展劳模（工匠人才）创新工作室创建工作

运营项目类公司有相对长期、稳定的工作与生活环境，员工多在站点集中办公和住宿，为劳模（工匠人才）创新工作室的创建提供了较充分的场地和人员配备条件。

具体创建标准为中国交建示范性劳模（工匠人才）创新工作室“七有”标准。以一名有技术、有业务专长，且管理经验丰富、创新能力突出的省部级（含）以上劳模、五一劳动奖章获得者（含享受相同待遇人员），或技艺精湛、业内认可的工匠人才为领衔人，组成3人以上的创新团队。团队专业技术结构、学历结构、年龄结构相对合理，协作氛围浓厚，创新能力较强。

创新工作室的主要任务是弘扬劳模精神、工匠精神，发挥劳模（工匠人才）在技术、业务等方面的专长，围绕本单位生产经营重点、难点问题和工艺技术难题，积极开展技术创新、服务创新、管理创新、制度创新，增强企业核心竞争力；发挥劳模（工匠人才）“传帮带”作用，开展技术培训、业务交流、师徒帮教等活动，推进新时期产业工人队伍建设，为实施创新驱动发展战略提供人才保证和技能支撑。

七、职工福利、慰问与工会经费使用

运营类项目公司职工福利、慰问与工会经费使用，执行中华全国总工会关于基层工会经费收支相关规定、《中交集团暨中国交建工会经费收支管理办法》（中交工联发〔2020〕84号），以及项目公司上级工会组织相关规定。

（一）运营类项目公司慰问

运营类项目公司大部分职工需要坚守在“窗口”，克服各类极端天气，保持在岗状态。项目公司工会要积极推进暑期汛期、极寒天气、节日高峰等情况下职工安全保障工作，提高员工安全防范意识、收费现场突发事件处置能力，加强职工自我防护，着力推进职工劳逸结合，用心、用情、用力做好道路保通保畅、文明服务、服务区监督等工作。要结合人员集中、轮班作业的实际，坚持党建引领，发挥工会优势，优化关怀阵地，积极开展各类职工文化活动，做好贴心、暖心服务。要及时听取职工工作生活中存在的急难愁盼问题，充分利用驻地地理条件，力所能及地解决职工所需、所求，创新完善“夜间食堂、有机菜园、健身设施、休闲书吧”等，营造舒适、特色、暖心、活力职工家园。

（二）工会经费使用“八不准”

1. 不准使用工会经费请客送礼，购买发放购物卡、代金券等。

2. 不准违反工会经费使用规定，滥发奖金、津贴、补贴。

3. 不准使用工会经费从事高消费性娱乐。

4. 不准单位行政利用工会账户，违规设立“小金库”。

5. 不准将工会账户并入单位行政账户，使工会经费开支失去控制。

6. 不准截留、挪用工会经费。

7. 不准用工会经费参与非法集资活动，或为非法集资活动提供经济担保。

8. 不准用工会经费报销与工会活动无关的费用。

八、产业工人队伍管理

运营类项目产业工人队伍管理以高速公路为例进行说明。随着取消省界收费站（联网收费）工作的全面完成和智慧化运营工作的逐步覆盖，一线收费员岗位也将会逐步优化，而高速公路运营项目的一线产业工人主体即收费员。其他类运营项目也将会因技术的发展，逐步取消一线重复操作性质的工作岗位。所以，工会对运营类项目产业工人的管理应主要集中在转变产业工人思想、提供转岗技能培训和合法权益维护方面。

（一）突出产业工人队伍思想政治引领

加强对产业工人思想政治引领，积极引导汇聚产业工人坚定不移听党话、跟党走的强大力量。加强产业工人法治教育，以创新的思路理念和方式方法做好产业工人思想政治工作，引导其依法、理性、有序地表达利益诉求。增强对产业工人的就业形势教育，及时宣贯行业发展现状、岗位需求和需要匹配的知识技能，引导产业工人主动思考和规划个人职业发展。

（二）完善产业工人技能培育模式

强化企业技能培训主体作用，大力推行“入企即入校”培训机制，完善技能培育体系建设，聚焦增加高技能人才供给，探索建立高技能导向激励、紧缺技能人才导向激励机制，将薪酬与技能等级提升挂钩，工资分配向高技能人才倾斜，完善激励措施，实现多劳者多得、智劳者多得、创新者多得、技高者多得。

（三）尊重和维护产业工人合法权益

坚持服务先行，在推动满足产业工人利益诉求、改善产业工人生产生活环境上持续用力，强化产业工人安全健康关爱，深入推进项目健康驿站建设。注重劳动关系领域政治安全，通过项目职工大会、座谈恳谈会等民主管理形式听取产业工人意见诉求，引导其自觉维护产业工人队伍团结统一。

九、运营类项目工会会员会费收缴规定

运营类项目工会要严格依照全国总工会规定，按照会员工资收入的5‰定期收取会费，并按各上级单位工会规定的比例定期上缴部分会费，其余费用由各运营类项目工会自行管理。

十、运营类项目工会工作评价

（一）遵循原则

坚持政治性、先进性、群众性原则；坚持高质量发展原则；坚持分类考核原则；坚持激励与约束相结合原则；坚持过程与结果相统一原则。

（二）考核内容

1. 社会效益情况

突出公益性、服务性的“工”字属性，发挥工会资产特色和优势，发挥职工思想政治引领作用，结合为广大职工群众提供服务的情况，重点考核服务工作大局、服务职工群众等方面的社会贡献度。主要内容包括坚持正确的政治方向，维护职工劳动领域政治安全，维护职工合法权益；服务获得的工作成果或行业评价，开展服务劳模、职工等公益活动情况，承接工会系统工作任务完成情况，重大改革发展任务完成情况，劳模精神、劳动精神、工匠精神宣传推广情况等。

2. 经济效益情况

运营类项目工会在管理过程中所获得的经济效益情况，主要包括工资总额数据，工会经费计提、上缴，按期发放工资，缴纳社会保险、公积金等。

编委会

中交广州航道局有限公司工会
张立伟、单莉、罗静毅
中交一公局集团有限公司工会
李升辉、王芹、何家琪、柳彬、闫馨、陈晨、吴雪梅、肖倩、李进
中交第二公路工程局有限公司工会
唐兰荣、曹小荣、任辰辰
中交路桥建设有限公司工会
王之乔、李博生
中交公路规划设计院有限公司工会
汪杨、雷青
中交第一公路勘察设计研究院有限公司工会
郭楠楠、董骥、陈璟、康凯
中交水运规划设计院有限公司工会
陈伟、顾新星
上海振华重工（集团）股份有限公司工会
卫巍、严峰、沈华美、陈宁、钱少波
中交西安筑路机械有限公司工会
邓世超、罗子新、洪军
中交天和机械设备制造有限公司工会
姚柳、张天举、李明臻
中交投资有限公司工会
梁斌、薛崇高
中交城市投资控股有限公司工会
郭文政、罗振文、苏怡琳、刘东海
中交海洋投资控股有限公司工会
陈昭伟、张杰雅
中交资产管理有限公司工会
孟继民、綦琪、左婷、张砺之

编审单位

主编单位　中国交通建设集团有限公司工会联合会

参编单位　中国交通建设股份有限公司总承包经营分公司工会
中交第一航务工程局有限公司工会
中交第二航务工程局有限公司工会
中交第三航务工程局有限公司工会
中交第四航务工程局有限公司工会
中交疏浚（集团）股份有限公司工会
中交天津航道局有限公司工会
中交上海航道局有限公司工会
中交广州航道局有限公司工会
中交一公局集团有限公司工会
中交第二公路工程局有限公司工会
中交路桥建设有限公司工会
中交公路规划设计院有限公司工会
中交第一公路勘察设计研究院有限公司工会
中交水运规划设计院有限公司工会
上海振华重工（集团）股份有限公司工会
中交西安筑路机械有限公司工会
中交天和机械设备制造有限公司工会
中交投资有限公司工会
中交城市投资控股有限公司工会
中交海洋投资控股有限公司工会
中交资产管理有限公司工会